ビジネス本作家の値打ち

水野俊哉

扶桑社

ビジネス本作家の値打ち

水野俊哉

CONTENTS

CONTENTS

装丁・本文デザイン／岡 睦（mocha design）
DTP制作／Office SASAI
イラスト／和田海苔子
編集／藤田美菜子

点数の見かた

86〜100点	ビジネス本のマスターピース
76〜85点	極めて優れたビジネス本
61〜75点	平均レベルのビジネス本
50〜60点	買うのに勇気がいるビジネス本
49点以下	ポンチビジネス本

はじめに

本書は、国内のビジネス本作家約40人に対して論評し、主要作品を100点満点で採点するという、前代未聞のブックレビューである。

かつて、文芸評論家の福田和也氏が『作家の値うち』（飛鳥新社）において、ワインのパーカー・ポイントになぞらえて国内の純文学、エンターテインメント作家を包括的に評価したことに“インスパイヤ”されたものだが、ビジネス本作家に限定してレビューを行った書籍は国内初だろう。

そもそも「ビジネス本作家」とは何か？　本書では、「書店でビジネス本のコーナーに並ぶ本を書く人」と定義したい。実際には自分で書いていない作家も多いので、「ビジネス本のコーナーに並ぶ本を、自分の名前で発表する人」でもいいだろう。「放送作家」とか「パズル作家」とか「ゲーム作家」のように、ビジネス本を発表する人——という意味で、使わせていただくことにする。

出版不況の中、ビジネス本だけが元気？

昨今、書店に行けば、ビジネス本コーナーに新刊や話題作が平積みになっており、隆盛を極めている印象だ。

実際、この出版不況の折、文芸（純文学もエンターテインメントも）のジャンルでは、一部の人気作家の作品こそ何十万部というセールスが期待されるが（無論、村上春樹氏は別格である）、その他の新人、中堅、あるいはかつて人気を誇った大家でさえ、数万部も売れれば御の字で、多くは実売で数千部と聞く。

それが証拠に、今や芥川賞や直木賞の受賞者ですら、サラリーマンや公務員との兼業作家は珍しくなく、そのせいか、作品も（経済的に）弱者の側の視点に立ったものが多い（主人公の多くは学生やフリーターや無職である）。

一方、ビジネス本のコーナーでは、「年収2000万円の仕事術！」とか「誰もが無理なく年収10倍アップ！」などという「勝ち組」風なタイトルの本がずらりと並び、「カツマー」と共に有名になった勝間和代氏や、「レバレッジ」シリーズの本田直之氏、「マインドマップ」や「フォトリーディング」を日本に広めた神田昌典氏など、著者のカリスマ化が顕著である。一般にはそれほど知られていない新人作家でも「ミリオネアコンサルタント」とか「メールの達人」「スーパーサラリーマン」などなど、勝手によくわからない肩書を名乗り（これをUSP＝ユニークセールスプロポジション戦略という）、しかもそんなド新人が書いた本が、平気で５万部、10万部、あるいは数十万部も売れてしまうような状況だ。

そんな中、他ならぬ私自身、『成功本50冊「勝ち抜け」案内』（光文社）という本でデビューして以来、著作７作を発表し、専業ビジネス本作家として活動中である（多くのビジネス本作家は他に本業があり、専業というのは珍しいと思われる）。国内外のビジネス書や経済書、行動経済学や脳科学の本を研究し、事例を挙げながら一般向けに解説する本を中心に、私自身の起業から挫折を経て再生に到った経緯や、そこで悟った幸福の経済学のようなものをテーマにして執筆を行っている。そんな人間が、なぜ同業者のレビューを発表しようと思ったのか？　それは、下に記すような理由からである。

ビジネス本ブームから、ビジネス本バブルへ……

現在のビジネス本を取り巻く状況は、まさにバブルの様相を呈している。ちなみに、バブルという現象は、人々の過大評価から生まれるとされている。

例えば、17世紀のオランダでは、観賞用のチューリップの球根の価値が上昇し、人々が投資目的に買い求めるようになった。
その結果、ただの球根が、株式や貴金属のように取引されるようになっていった。この傾向は短期間のうちに加速し、特に希少性の高い球根の値段は、家一軒が買えるのに等しい値段をつけ、かつては捨てられていたような雑種の球根ですら、馬車と馬が買えるほどの値段になったという。
しまいには、収穫前の球根に対する購入権までが売買されるようになり、「あらゆる階層の人々がその財産を現金に換え、それをこの花に投資した」(ジョン・K・ガルブレイス『バブルの物語』より)。
バブルは、人々の熱狂が最高潮に達した頃、突然崩壊する。すると、今度はレバレッジがマイナスへと働き、価格は急降下し、紙くず同然になる。
このような歴史上、世界各国で何度も見られてきたお馴染みのパターンの共通項は、人々の熱狂により、冷静な判断が働かなくなるという点にある。
これを再帰性の理論と言うが、人々の判断が合理的でないがゆえに、集団の思考はさらにエスカレートする。つまり、あの株はすでに割高なのはわかっているが、まだまだ自分以外のバカな投資家が値上がりすると思って買うはずだから……という推論がどんどんエスカレートして、株価は天井知らずの値上がりを見せるのである。
株式投資は、皆が美人だと思う人を予想するゲームだと言われる。つまり、誰が本質的な美人であるかを見抜くのではなく、皆が投票しそうな人を見抜くのだ。
現在のビジネス本を取り巻く環境にも、これと似た傾向が見られる。
本質的にどのビジネス本がよいのかを見抜くことは困難なので(少なくとも買って家で読む前は……)、より多くの人が支持している、あるいは支持しそうな本を買って読む傾向が加速しているのだ。

ビジネス本業界では、粗製乱造がまかり通る

このようなバブルを支えているのが「ビジネス本の粗製乱造」である。かつては功成り名を遂げた大経営者、あるいは国民的な経済評論家が書くものと決まっていたビジネス本も、ここ数年ですっかり敷居が低くなった。

この傾向は'03年頃から加速している。そもそも前述の勝間氏にしろ本田氏にしろ神田氏にしろ、本を出す前から世間的な評価が高かったわけではなく、本を出してベストセラーになることで有名になった人々である。

この傾向自体はむしろよいことだと思う。なぜなら、より多くの人に出版のチャンスが巡ってくるのだから。

しかし、今や何の実績もない人物でも、USPさえできていれば、本を出せる確率が高くなっている。さもスゴイ著者であるかのように謳い上げて本を売ろうという、いわば出版社と作家がグルになった自作自演である。

本文でも触れたが、このまま行けば、「スーパーサラリーマン」ならぬ、「スーパー新卒サラリーマン」とか、「スーパー就活生」によるビジネス本が登場する日も遠くはないだろう。

出版社にも事情がある。なぜ、中身のない本の粗製乱造をやめることができないのか？　これは、出版界全体が、チキンレースに巻き込まれているためである。

つまり、資金繰りが芳しくない出版社にとって、本を発行し続けることでしか生き残れない自転車操業状態が慢性化しており、本を発行し続けるためには本を作るしかないのだ。

言葉遊びのようでややこしいが、本来は、本にしたいテーマなり材料があって本を作るべきところが、経営を持続させるために、赤字でもいいから本を発行し続けて、その中からヒット

作が出て一息つくことを期待している——というわけである。

出版社が本を出すと、取次からお金が入る。しかし、返本されてくるとお金を戻さないといけない。そのお金を稼ぐために新たに本を作る、とでもイメージすればわかりやすいだろう。

書店からすれば、本を置くスペースは限られているのに、各社が狂ったように新刊を出し続けるせいで、一冊一冊の本の滞留時間を短くせざるを得ない。つまり、回転率を高めるしか、本を置く方法がないのである。もちろん売れた本は残すが、それにしろ、どんどん新刊が送られてくるので、少しでも売れ行きが落ちると返本せざるを得ないのだ。

これが、どういう現象を生むかというと、「本が売れるかどうかは発売から１ヶ月が勝負！」ということである。

なにしろ、口コミや新聞の書評などで火がつき、じわじわと売れるということが期待できないため、発売直後に「売れる本」＝「みんなが支持する本」という評価を形成する必要がある。

そのためには、雑誌や新聞の書評では間に合わないので、ブログやメーリングリストで書評してもらったり、amazonランキングで上位になる必要があるわけだ。

ところが、その「ブログやメーリングリストでの書評」が自作自演だったり、「amazonランキング」が操作可能だったりするなら、どうだろうか？

ビジネス本のベストセラーはこうして作られる！

どう見ても商品としての価値が低い作品を、関係者や身内が激賞し、amazonランキングや書店のベストセラーランキングを操作し、一部の出版社は部数を水増し発表して、「ビジネス本のベストセラー」は作られる。

こうして作られた「ベストセラー作家」が、自著やお友達作家の著作やビジネス系ウェブサイトなどに顔写真とコメントを掲載し、講演会を開き、ＴＶやラジオに登場し、カリスマ化していく。

そして、カリスマ化されたビジネス本作家の作品は、各社の編集者の手により「ビジネス本の文法（フォーマット）」に則って、量産されていく。

量産された本は、著者本人や取り巻き、または出版社の従業員らにより買い占められ、再びamazonランキングの上位をマークし、その実績が喧伝される。中にはamazonランキングで上位に入る方法をお金を取って教えるコンサルタントまでいるほどだ（これを偽計取引および風説の流布と言う）。

続いて、新聞広告では「５万部突破のベストセラー！」とか「大増刷出来！」などと景気のよい文句が踊り舞う。

しかし、５万部とは刷り部数のことか実売なのか。あるいは、そもそも本当に刷っているのか。ある出版社などは、部数計算を特定の書店のPOSデータから計算しているという。……ということは、特定の書店で著者や版元が「買い上げ」を行った場合、基になるデータの数字が跳ね上がるわけだから、部数なんてどうにでも操作できてしまうではないか。

ある書店において、本来100冊しか売れてなかった本を仮に「1000冊」買い上げてしまえば、計算上の部数は11倍に跳ね上がるのだ。

文芸の作家であれば、自分で1000冊買うようなバカなマネはしないだろうが、本業が別にあるビジネス本作家の中には、「初版印税はプロモーション費用」などとうそぶく者も多く、某ミリオンセラー作家が、雑誌のインタビューで「1000万円あれば誰でもベストセラーは作れる」と内幕を暴露した例もある。

それでもビジネス本作家の評判は（それほど）落ちない

もしも、1万円で購入し、現在の時価が10万円になっているワインがあったとして、今日、ハウスパーティーで友達に振る舞うとしたら、一体、いくらが妥当な値段と感じるだろうか？

①無料　②１万円　③10万円　④９万円

この問題に正解はない。なぜなら、感情のコストの問題だからだ。

では、逆のケースを考えてみよう。10万円で買ったワインの時価が実は1万円だとわかったとしよう。あなたが持ち主だったとして、どう感じるだろうか？　こうしたケースでは、人の心には「保有効果」が働き、価値の下落を認めようとしない。

「いや、今の価格は１万円かもしれないが、『本当の価値』は10万円のはずだ。なぜなら、他ならぬ私が10万円の価値を認めているのだから……」

人は、ある意見を表明（コミットメント）すると、一貫性を保とうとする。

だから、ある著者のファンであることを一度周囲に表明した人は、たとえその著者がＴＶやネットで問題のある言動を繰り返したり、どんどんポンチなタレント化していったりしようと、一貫した姿勢を保とうとする。

「だって私が支持した人が、本当は痛い自意識過剰な人物だったなんてことはあるはずがない」のである。

ゆえに、一度「売れっ子」になったビジネス本作家の本は、お粗末なクオリティでの量産が続いても、それなりに読者がつくのである。

このままでは、ビジネス本はダメになる！

ここまでに書いてきたようなビジネス本界の現状を、かつて表立って批判した人はいなかった。「金持ち喧嘩せず」というか、商品なんだから余計なことは言わなくていい、売れれば結構——ということなのだろう。もちろん私もいたずらに他人様の商売を邪魔する気はないが、自分の作品や書評で嘘はつきたくないものである。

以前、こんなことがあった。私が書いた書評に対して「気に入らない。事実ではない」とクレームをつけてきた作家がいたらしく、なんと編集部から「原稿を直してほしいと先方が言っているのだが連絡を取ってくれないか？」と言われたのだ。

もちろん、「事実ではないというなら、それを先に証明しろ」と伝えてつっぱねたのだが、しばらくはご丁寧に、編集者経由でその作家からの（怒りの）メールなどが転送されてきたため、さすがに気分が滅入ってきた。

要は暗に「改稿するか、謝罪しろ」ということなのだろう。だが言っておくが、その原稿は編集権を持つ編集部がきちんと責了したものであることは言うまでもない。「書評を改稿しろなんて無茶なことは言うな」とそいつに伝えればいいものを、それができないから両方の間で、こうもりのようなマネをしているのである。

こういうことを書くと、「信じられない。ウチは作家を守ります」などと言ってくる編集部も出てきそうだが、実際はどうだろう。心許ない部分はある。

版元からして、このような姿勢である。ビジネス本の世界に言論が成立しえないのもやむを得ない。

かくして、一部のブログなどを除き、「書評」とは言っても身内の本を激賞するためだけに機能しているようなブログやメルマガが評価されていたりする。

もちろん、悪い感想を持った本については、あえて悪口を書くより華麗にスルーしてしまった方がお互いのためなのだが、そういうことではなく、都合の悪いこと・暗部から目を逸らす傾向が問題なのだ。

ビジネス書には言論、評論がない

ネットワーク理論の有名な概念に「六次の隔たり（six degrees)」と言うものがある。

これは、世の中の全ての人は、間に５人を挟むと繋がっている——とされる現象だ。つまり、あなたがオバマ大統領と電話で話したい場合、知り合いで一番人脈がありそうな人に「オバマ大領領の電話番号知ってる？」と聞き、「知らない」と言われたら、その人の知り合いで一番人脈の凄そうな人に「オバマ大領領の電話番号知ってる？」と聞いてもらい、「知らない」と言われたら……以下、同じことを繰り返していくと、平均５人で目的の人物に繋がると言われている。

この現象を検証するための実験も数多く行なわれているのだが、概ね合致するようだ。

かように世間は狭い。

私自身、本書で取り上げたビジネス本作家の半数以上は顔見知りだし、一人を挟めばおそらく全員繋がる距離にいる。つまり、余計なことを言わずにいれば、ぬくぬくとバブルの恩恵に浴することができる立場にあるし、今後、顔を合わせた際に気まずい思いをしなくてもすむのである。

しかし、商売の基本原則から考えると、こうした消費者軽視というか、読者をバカにしたようなことを続けていてはロクなことにならないだろう。

世間とはかくもダマされやすいものなのか。昨今の「カツマー現象」は言うに及ばず、本質的な価値とは離れたところでの評価が一人歩きする風潮には、やはり危機感を覚えてしまう。

放置すれば、気が楽だが、いずれビジネス本界の価値全体の崩壊＝ビジネス本バブルの崩壊に繋がるだろう。もうすでに、崩壊しているのかもしれないが。

果たしてビジネス本作家の値打ちとは？

果たしてビジネス本作家の価値とはいかほどのものなのか？本書では、それを自分の良心に問うてみた。

採点した200点以上の作品についても、全て読み下ろしたことを附しておく。中にはこれまでの私の仕事の中で何度も繰り返して読んだ本もあったが、それすらも再度、読み返してみた。採点の基準については、目次の末尾（5ページ）をご覧いただきたい。

もちろん、採点者が私自身であるゆえに、あくまで「水野基準」（mizuno formular）である。

しかし、水野俊哉という人間の中での基準世界では厳密に一致しているはずであり、できれば一作一作というよりは他の作家の作品との相対評価で判断してほしい。

また、ここでの採点があなたの心の中の採点と違う際には、あなた自身の基準との比較において、本書も一定の基準となり得るだろう。

いろいろと小難しいことを書いたが、この本は、最近元気なビジネス本の世界の地図であり、水先案内であり、ミシュランガイドである。好きなように使って楽しんでいただければ幸いである。

2010年6月1日
水野俊哉

File No.01

石井裕之

HIROYUKI ISHII

「コールドリーディング」を世に広めたカリスマセラピスト

一般的には、漫画『ホムンクルス』(山本英夫作、『ビッグコミックスピリッツ』連載)の監修者として名を知られている石井氏だが、ブレイク前は、ひっそりと売れない占い本などを出していたセラピストであった。それが、『人生を変える！「心のブレーキ」の外し方』のヒットで時流に乗り、一躍カリスマ著者になると同時に、パーソナルモチベーターという謎の肩書を名乗りだす。

石井氏の著作では「コールドリーディング」と「潜在意識」が二大テーマ。前者は、エセ占い師やエセ霊能士、エセ宗教の教祖らが使うとされる「エセ催眠のテクニック」を利用して、「思い通りに他人を動かすこと」が目的。「信用されれば、仕事・プライベート・人間関係も思いのまま」という、怪しげなコピーがぴったりの怪しげなテクニックは、仕事だけでなくナンパなどへの応用も考えた男性にもウケたのだろう。一方、後者は「潜在意識をコントロールして自分のモチベーションを上げていこう」というもの。いずれも日本では、一部の専門家(それこそ催眠術師や占い師など)の間でのみ研究されていたノウハウであり、これを一般に知らしめたのは石井氏の功績である。

同様のテーマで情報商材も販売しており、高額なのにもかかわらずバカ売れしている。「アンプラグド～遺書～」と題されたセミナーでは5000人を動員するなど、その集客力は驚異的だ。確かに本も売れているが、おそらく商材やセミナーの販売収入の方が上回っており、**いわば版元の全面協力のもと、著作をフロント商材にしてバックエンド商品で儲ける手法が確立されているわけだ**。このようなビジネスモデルは、石井氏や神田昌典氏（52ページ）を世に出したフォレスト出版が作り上げたもので、今や大手出版社が躍起になってこのやり方を真似しようとしているありさまである。

本の作り方も極めて情報商材に近く、ノリがセールスレターっぽい（巻末や巻頭に、その本を支持する人々の名前がリストアップされる――など）が、それが気にならない人なら、一般的な心理学の本では読めない貴重なトピックスが楽しめるだろう。

公式プロフィールより

'63年、東京都生まれ。パーソナルモチベーター。セラピスト。催眠療法やカウンセリングの施療経験をベースにした独自のセミナーを指導。人間関係、ビジネス、恋愛、教育などあらゆるコミュニケーションに活かすことができる潜在意識のノウハウを一般に公開。目標達成プログラム『ダイナマイトモチベーション6ヶ月プログラム』（フォレスト出版）は1万部のヒット作に

File No.01 石井裕之

『一瞬で信じこませる話術　コールドリーディング』
フォレスト出版　'05年6月

75点
コールドリーディングとは、占い師や霊能者などが初対面の人に信用されるために用いるテクニック。相手の観察やさりげない会話によって、その場で相手の情報を探り出すというもの。「セレクティブメモリ」「ストックスピール」「Meタイプ・Weタイプ」などなど、後の石井氏の著作に登場する理論や用語はすべて本書で説明されている。いわば原点。

『カリスマ　人を動かす12の方法』
三笠書房　'06年8月

72点
前著の内容をベースとした「職場でのコールドリーディング活用術」。自分がリーダーになったときに、いかに部下を操作するかを説く。

『人生を変える！「心のブレーキ」の外し方』
フォレスト出版　'06年11月

82点
石井氏を一般的にブレイクさせた一冊。テーマは潜在意識とモチベーション。本来、潜在意識とは変化を恐れるものであり、自制の方向に働くもの。その制約から離れて、いかにヤル気を出していくかを説く。

『ホムンクルスの目』
小学館　'06年11月

49点
『スピリッツ』誌上で連載されていたコラム集。マンガ『ホムンクルス』は、頭蓋骨の手術によって他人の潜在意識が見えるようになってしまった主人公の自分探しを描く重厚な作品だが、こちらは「モテ心理学」といった内容。

『かぼ　アクリルの羽の天使が教えてくれたこと』
祥伝社　'08年10月

47点

カリスマ化した著者が、突然、「心にしみる物語」を出すというお決まりのパターン。売れない作家がホリエモン的なＩＴ社長のゴーストライターを務めてブレイクするが、不治の病に冒された少年に「それは自分への裏切りではないか」と気づかされる……というお話。

『あるニセ占い師の告白』
フォレスト出版　'09年5月

77点

感動系の作品が不発に終わり、昔取った杵柄で、原点のコールドリーディングに立ち戻った一冊。インチキ占い師が「カモに対してどんなトークをかましているか」を語る……という設定の、いわばストーリー形式の実践編。

『一瞬で相手を落とす! コールドリーディング入門』
フォレスト出版　'09年5月

73点

昔取った杵柄その２。コールドリーディングを面接や合コンで活用するなど、日常のかなりニッチな部分に落としたもの。具体的な解説は初期の著作の方が丁寧。

『フェイク・イット』
フォレスト出版　'10年3月

55点

昔取った杵柄その３。潜在意識に対してアファメーションする（肯定的な言葉を語りかける）という、過去の著作にもたびたび登場していたメソッドについて「実はアファメーションは英語で言った方がいい」と衝撃発言。初耳である。アファメーションの文例や発音なども収録され、英語好きのビジネス本読者を狙ったような一冊。

File No.02

泉 正人

MASATO IZUMI

お金に苦労しないための「家計リテラシー」の提唱者

サラリーマン向けにマネーリテラシーを説く第一人者。「日本ファイナンシャルアカデミー」という、“お金に特化したユーキャン”的なカルチャースクールの代表であり、著作で取り上げるテーマも、貯金、節約、家計簿などなど、一般的サラリーマン家庭の興味の範囲を網羅している。本田健、ロバート・キヨサキ、橘玲らによる「第一次マネーリテラシーブーム」('02年頃）に影響を受けた最初の世代に属し、先駆者の本から吸収したエッセンスに加え、自らさまざまな事業を立ち上げた経験を踏まえて、お金に苦労しないために必要な“常識”や“生活習慣”をレクチャー。昨今多く見られる「（ビジネスをやったこともない）お金の専門家が単なるお金の知識を語った本」とは一線を画す、実のあるマネー本を世に問うている。

泉氏は、「レバレッジ」シリーズの本田直之氏（140ページ）の盟友としても知られており、著作の構成やデザインは本田氏がプロデュースを手がけている。**お金のノウハウをビジネス書の体裁でまとめた書籍の走りともいうべき存在で、その「読みやすさ」は折り紙つき**。本気でビンボーから脱出したい読者にとっては、ヘタな株式投資本などを読む前に、泉氏の著作を読んだ方が、よほど処方箋として有効である。

なお、泉氏は「仕組み」というフレーズをタイトルに冠した仕事術の本も数多く出しているが、ここで使われている「仕組み」という言葉は、大体において「常識」「リテラシー」程度の意味しか持たず、いわゆる「システム」としての「仕組み」とは別物である。**お金にしても仕事術にしても、初歩の初歩というか基本のキを語るのが、泉氏の芸風と言えよう**。それ自体は結構なことなのだが、「お金」と「仕組み」だけで、トコロテンのように同じような本を何冊も出すという（泉氏自身の）「仕組み」は、いかがなものだろうか。

公式プロフィールより

'74年、神奈川県生まれ。日本ファイナンシャルアカデミー代表。金融学習協会理事長。ファイナンシャル教育の必要性を感じ、日本ファイナンシャルアカデミーを設立。受講生は9万人を超え、独立系ファイナンシャル教育機関としては日本最大級。経済入門、会計、財務、経済新聞の読み方、マネープランなど、幅広い「経済とお金の教養」をレクチャーする

File No.02 **泉 正人**

『「仕組み」仕事術』

ディスカヴァー・トゥエンティワン '08年3月

72点

泉氏の言う「仕組み」は、盟友、本田直之氏が言うところの「レバレッジ」と発想はよく似ている。平たく言えば、「面倒なことは嫌いなのでラクしてやろう」ということだ。そこに、本田氏の著作の特徴でもある「巧みな引用」が多用される点も同じである。ビジネス本のフォーマットにのっとってきっちり作ってあり、それゆえにベストセラーになった。

『お金の教養』

大和書房 '08年9月

70点

泉氏がその本分を発揮する「家計リテラシー本」。通帳を３つに分けろとか、支出を「消費」「浪費」「投資」に分けて「浪費」にカウントされるものを減らせとか、お金が貯まらない人は読んでおいて損のない「仕組み」を紹介。多くの貯金本、節約本が似たようなことを書いているが、説明のうまさでも泉氏は第一人者と言える。

『「仕組み」整理術』

ダイヤモンド社 '08年9月

68点

おなじみの「仕組み」を縦軸に、人気ジャンルの「整理術」を横軸にしたマーケティング先行の本に思えるが、ダイヤモンド社らしくぬかりなく構成してあり、ビジネス本としてのクオリティは担保してある。

『お金の地図』
大和書房　'09年4月

70点

内容的には『お金の教養』や、その他の泉氏のマネー本と大差ないが、マネーリテラシーというのは本を１冊読んだだけで会得できるものでもない。２〜３冊読むうちに素養が身につく——と考えたほうがよいだろう。その意味で、『お金の教養』と同程度には読みごたえあり。

『「仕組み」思考術』
アスコム　'09年7月

60点

優れた考え方（「自己意識」「学習主義」「継続性」）を実践するための５つの行動原則（スピード、エンパワーメント、モデリング、パターン化、トレンドに乗る）について解説。例によってビジネス本の文法をきっちり踏まえており、それなりに完成度も高いが、泉氏のファン以外は特に読む必要はなさそうだ。

『お金の大事な話　「稼ぐ×貯まる×増える」のヒミツ』
WAVE出版　'09年12月

71点

泉氏の自伝的なストーリー。「高校を中退して美容師を目指すも、挫折してITベンチャーを起業」という経歴を持つ泉氏が、どのように資産を増やし、マネーリテラシーを身につけていったのかが追体験できる。弁理士の父が敷いたレールに背を向けて、自分の道を進もうとする著者の姿に共感する読者は多いだろう。この内容を500円を切る価格で読めるのはオトクと言える。

File No.03

稲盛和夫

KAZUO INAMORI

仏教の話や宇宙の法則に絡めて生き方を説く“偉人”

わが国における、**戦後もっとも偉大な経営者の一人**。京セラの創業者であり、一代でグループ売上高１兆円を超す世界的なメーカーに育て上げた。’84年に第二電電企画（現KDDI）を設立し、電電公社（現NTT）が独占していた通信事業に民間として初参入した功績でも知られる。現在は鳩山内閣の特別顧問を務める他、新会長としてJALの再建を託されるなど、齢80近い今なお超現役。本書に入れてよいものか迷うほど別次元の人物であるが、著作もある意味別次元だ。得度を受けていることもあり、**仏教の話から宇宙の法則まで、ビジネス本の尺度では測れないスケールの大きさが特徴**。仕事がどうのと言うより、「人としてどう生きるか」という話が中心になっている。若い読者に伝わるかどうかは微妙だが、やはり一度は読むべき著者と思い、リストに加えた。

公式プロフィールより

’32年、鹿児島県生まれ。鹿児島大学工学部卒業。’59年、京都セラミック（現京セラ）を設立。社長、会長を経て、’97年より名誉会長。’84年には第二電電企画（現KDDI）を設立、会長に就任。’01年より最高顧問。このほか、’84年に稲盛財団を設立し、「京都賞」を創設。また、若手経営者のための経営塾「盛和塾」の塾長として、後進の育成に心血を注ぐ

『成功への情熱―PASSION』
PHP研究所　'96年2月　※'07年に新装版刊行

82点　サラリーマン向けの職場の道徳書。

『稲盛和夫の哲学』
PHP研究所　'01年11月　※'03年に文庫化

82点　「利他の精神」「因果応報」など、仏教の高僧が語っているかのような訓話集。

『稲盛和夫のガキの自叙伝』
日本経済新聞社　'02年1月　※'04年に文庫化

90点　稲盛氏の半生を綴った自伝の決定版。偉大なる経営者のルーツとなる印象的なエピソードがてんこ盛り。

『生き方―人間として一番大切なこと』
サンマーク出版　'04年7月

78点　稲盛氏の“思想”がもっとも色濃く投影された一冊。その言説は、もはやスピリチュアルの域すら超えている。

『アメーバ経営―ひとりひとりの社員が主役』
日本経済新聞社　'06年9月

75点　京セラ独特の事業部別採算制度「アメーバ経営」の運用方法を詳細に記し、会社経営のロールモデルを示す。

『働き方―「なぜ働くのか」「いかに働くのか」』
三笠書房　'09年4月

70点　何のために働くのか？　それは心を高めるため――という有難い教えが満載。

File No.04

臼井由妃

YUKI USUI

かつての「マネーの虎」も 今や「癒し系ビジネス本著者」に

このところ、ビジネス本界では**「成功」という単語がタブー視されているようだ**。かつて「サラリーマン」という単語が忌み嫌われ、「ビジネスパーソン」などに言い換えられてきたのと同じく、「成功」という単語が連想させるネガティブなイメージ（他人を蹴落としてでも自分が上に行こうとする、金儲け主義、などなど）を払拭しようと、「幸せに成功する」＝「成幸」など、さまざまな（苦しい）言い換えが試みられている。成功に向けて、ガツガツとしたエネルギーを費やそうという人間は、今の世の中少数派になってしまったのかもしれない。

そんな時代の変遷を体現しているのが、臼井由妃氏の存在である。ご存じ『マネーの虎』への出演を機にメディアの人気者となった臼井氏だが、**当時は「肩で風を切って歩くような女社長キャラ」がウリであった**。33歳で28歳年上の会社社長と結婚した臼井氏は、ダンナが急病になったのを機に、専業主婦から一転、会社経営の道に入る。多額の負債を抱えていた会社を年商23億円の優良企業に成長させた「デキる人」としての臼井氏のエッセンスは、『マネーの虎』放送終了直後の'05～'06年あたりに書かれた著作の中に余すところなく詰め込まれていると言えよう。他の社長たちに舐められたくないとの思いからか、会社経営をこなす傍ら、**健康医科学博士号、MBA、行政書士、宅建などなど凄まじい数の資格を次々と取得**して行った点でも注目される臼井氏だが、その独自の「勉強法」は今読んでも極めて実践的。テンションの高さも勝間和代級であった。

だが、10年近く著述活動を続ける中で（ビジネス本の業界でも"芸歴"の長さはトップクラス）、臼井氏のスタンスは徐々に変化していった。本人ブログのサブタイトルが**「もう、マネーの虎って呼ばないで。」**となっているのも象徴的だが、著作でも「ムリして成功を目指すのはやめませんか」というメッセージが主体に……。会社が潰れたり、就職が困難だったりする今の時代、そちら系のメッセージに癒される読者がいかに多いかということだろう。もっとも、そんな時代だからこそ、特に若者には臼井氏の初期の著作に注目してほしいと思わずにはいられない。

まったく関係ないが、『マネーの虎』に登場していた他の社長たちの消息も気になるところである。

公式プロフィールより

'58年、東京都生まれ。健康プラザコーワ代表。ドクターユキオフィス代表。理学博士・MBA・行政書士・宅地建物取引主任者・栄養士。33歳で結婚後、病身の夫にかわり経験のないまま経営の道に入る。ヒット商品を次々に開発、借金3億円を抱えた会社を年商23億円の優良企業に変える。経営コンサルタント、ビジネス作家としても精力的に活動

File No.04 臼井由妃

『即稼ぎにつながる最短！ 最速勉強法』

秀和システム　'06年3月

84点

社労士、行政書士、宅建、簿記２級３級……これらの資格を、多忙を極める中次々と一発合格していった臼井氏が自ら書いた勉強本だけあって、実践的な内容。資格ごとに最短取得スケジュールが提示されているなど、本気度も高い。

『1週間は金曜日から始めなさい』

かんき出版　'06年11月

82点

もっとも脂が乗っていた時期のベストセラー。タイトルの意味は、「月～木曜日は通常の業務に当て、金曜日は来週やるべき業務のシミュレーションに当てよ」ということ。目の前の作業に追われるのではなく、先々のことを考える習慣を身につければ、時間に追われることもなくなり、仕事のモチベーションも保てると説く。会社経営で多忙な日々の中で、資格取得のための勉強時間はきっちり確保してきた臼井氏ならではのタイムマネジメント術は、今読んでも光るものがある。

『できる社長は机が小さい』

ベスト新書　'07年3月

62点

数々の大物を見てきた臼井氏による「成功者の法則」には、相応の説得力がある。本書は、一時期はやった掃除本の流れを汲んでいると思われる一冊。「成功している会社では便器の蓋がきちんと閉まっている」など、女性らしい観察眼が光る。

『大きなゴミ箱を買いなさい』
ダイヤモンド社　'09年4月

65点

プライドや過去の成功など不要なものを捨て去ることで、精神的な安定を得ようと説く「癒し本」。精神的な安定は成功にも繋がる……というフォローもされてはいるが、初期のエネルギッシュな著作と比べると、やはり物足りなさを感じてしまう。

『ポジティブ思考なんて捨ててしまいなさい！』
学習研究社　'09年8月

65点

勝間和代が香山リカに変身したかのような、パラダイムシフトの書。これまで「割り箸を口に挟んで笑顔をつくる練習をしましょう」などと繰り返し語っていた臼井氏が、「作り笑顔はもうやめましょう。もう、そういうのは疲れちゃった」と、過去の著作を全否定。時代の空気を読んだのか、年をとって、がむしゃらに働くなんてどうでもよくなっちゃったのか……。

『あなたを幸せにする「男」の育て方』
PHP文庫　'10年1月

70点

人生の大先輩として、女性たちに「イイ男の育て方」を説く。その貫禄は、もはや「ビジネス本界の瀬戸内寂聴」レベルに到達している。

File No.05

大塚 寿

HISASHI OTSUKA

まさに最強な「リクルートの営業メソッド」の語り部

大塚寿氏は、黄金時代のリクルートOBである。独立後、同社の創業者・江副浩正氏が作り上げた、**まさに最強の「リクルートの営業メソッド」の中身を、包み隠さず外部に公表した**という点において、その功績は偉大。

学生新聞の広告営業からスタートしたリクルート社の驚異的な成長を支えた「スゴ腕の営業部隊」は、江副氏が得意とする「心理学」の知見を駆使したマネジメント理論をベースに組織されていた。そのノウハウを、余すところなく一般向けに語ったのが大塚氏だったのである。部外者がリクルートの内部資料を入手できたところで、それがどう使われていたかわからないことには活用のしようがないが、大塚氏の著作ではそのあたりのこともすべて書かれており、営業部を預かる統括マネジャーや、会社の経営をやっている人間からすればこんなに有り難い本はない。**筆者自身、会社経営者だった時代には、大塚氏の著作を読んで数億円売り上げが変わったほどである。**

大塚氏が入社した当時、江副氏はすでに社内でも雲の上の存在であったという。一般社員に向かって営業哲学を語る機会もなかったらしく、マネジメント層に残っていた創業メンバーが、江副氏の思想を口頭で後輩たちに伝えていく「語り部文化」が根付いていた。かつて江副氏が掲げた、「自ら機会を創り出し、機会によって自らを変えよ」という有名な社訓は、今でも多くの社員に根付いていると言われるが、一方で、これらの思想や理論はきちんと文章化されない限り、拡散して後世に残らない可能性もあったわけだ。**江副氏が『リクルートのDNA』(角川oneテーマ21)や『かもめが翔んだ日』(朝日新聞社)の中では語らなかった、真に“リクルートのDNA”とでも言うべきナレッジ**を世に広めたという意味でも、大塚氏の著作の価値ははかり知れない。

公式プロフィールより

'62年、群馬県生まれ。リクルートを経て、ヤマメの養殖で留学資金を作り渡米、アメリカ国際経営大学院(サンダーバード校)にてMBAを取得。現在、オーダーメイド型企業研修および法人営業コンサルティングを展開するエマメイコーポレーション代表。『宣伝会議』の広告営業職養成講座の講師、ヒデキ・ワダ・インスティテュート主任研究員としても活躍中

File No.05 **大塚 寿**

『リクルート流 「最強の営業力」のすべて』
PHP研究所 '03年11月

90点 未だ輝きを失わない「営業本」のマスターピース。当時、人材輩出企業と呼ばれ最強の営業力を誇ったリクルート社の営業の仕組みを公開。軽妙な語り口調もウケてヒットした。続編の『リクルート式』(PHP研究所／'04年10月)では、組織マネジメントにおけるリクルートのナレッジを公開。これもまた必読の一冊である。

『法人営業バイブル―明日から使える実践的ノウハウ』
PHP研究所 '06年5月 ※井坂智博氏との共著

89点 リクルートを退社した大塚氏が、法人営業コンサルタントとして活躍する礎となったバイブル。営業と言ってもアポイントからクロージングに至るまでの部分だけではなく、庶務スタッフの扱い方、新人の育て方、日々のロールプレイングや会議のノウハウなど、あらゆるシーンについて、現場の視点から手本と注意点を伝授。まさしく決定版。

『オーラの営業 離陸編』
ナナ・コーポレート・コミュニケーション '06年8月

60点 大塚氏の営業哲学を小説化した“問題作”。「シールート社」の元営業マン十文字一虎が、私塾「売虎道場」に集まった売れない営業マンたちを鍛え上げて、「オーラの営業」(ヤル気を出したときの赤オーラ、癒しの青オーラ、メンタルヘルスをコントロールする緑オーラなど)で、モッキンゼーや鉄掟会などのライバル会社と戦うという狂った設定は、チャウ・シンチー監督で映画化すると面白いかも。続編『～飛翔編』もある。

『バイトでも億稼ぐ　不況なのに元気のいい会社』
徳間書店　'09年9月

70点

最近では「営業」に限定せず、経営全般に関わるノウハウ本も上梓している大塚氏だが、その好例が本書。スタッフの管理やモチベーションに関わる話では、大塚氏の最大の特徴である「現場感覚」が前面に出ており、理論偏重のビジネス本とは一線を画している。セブンイレブン、１０９、ディズニーランド、カクヤスなどの事例が登場するが、ダントツに面白いのはやはりリクルートの話。「大手町の涙」と題された、落ちこぼれバイトのＶ字復活エピソードは必読。

『25歳からの社会人力』
PHP研究所　'10年3月

82点

はやりのR25世代本の中ではダントツでクオリティが高く、かつサラリーマン濃度も高い一冊。今年新卒で入社してくる「ゆとり世代」への大塚氏からの熱きエールとでも言おうか。学生感覚から脱皮し、社会人として組織の中で要領よく立ち回っていくための世知が詰まっている。昔の日本の会社には、こういうことを教えてくれる先輩がいっぱいいたはずだ。暑苦しくはあっても、時代を超えて今どきの若者にも刺さりそうな内容になっているのはさすが。

File No.06

大前研一

KENICHI OHMAE

あらゆるビジネス本に「元ネタ」を提供する、天才的な先見性

ビジネス本界には伝説がある。**「実際に本を自分で書いている大作家は大前研一だけである」**という伝説が。無論そんなわけはないのだが、「自分で書いている」と証明するのはなかなか難しい。その点、大前研一の著作は、余人には書きようがないという意味で、大前研一自身が書いたものに相違ない……というわけだ。

前置きが長くなったが、大前研一氏は、わが国が誇る真に国際的なエコノミストである。ビジネス本作家としても、他の作家と並べるのが失礼なくらいの巨星である。その天才ぶりは、32歳のときのデビュー作『企業参謀』に、すでにして顕著だ。若き日は原子力の研究者であった大前氏は、20代の終わりにマッキンゼーに転職し、一から経営を勉強した。その過程をまとめたノートが『プレジデント』社の目にとまって出版されたものである。

そこで示される問題解決のための手法は、**今や勝間和代氏ら多くの元コンサルタントが自著で解説しているフレームワークの原型に他ならない**。マッキンゼーに入社して間もない大前氏がゼロから作り上げたフレームワークが、後に全社的に採用され、後輩たちの手によって洗練されていったものなのだ。

この例に限らず、大前氏の著作の特徴は、本が出てからしばらくすると、必ず誰か（それも複数の人間）が、そこに書かれていた内容を、さも自分が思いついたかのように語り始めることである。**「究極の元ネタ」とでも言おうか**。政策提言も多く行っている大前氏だが、氏が10年も前に提言していたことが、最近になって動き始めている例も多い（ハブ空港の機能強化など）。近著『大前流心理経済学』で言及されている経済政策などは、むしろ積極的に政府に元ネタにしてもらいたいと切に願う次第だ。それだけで、日本が復活する可能性は高い。

大前氏のことを知れば知るほど、この人は不当に軽視されているのではないかとの思いが強まるばかりである。少なくとも、一経済評論家に留まっていてよい人物ではないはずだ。氏の後継者たる人材が未だ現れていないことも、この国にとっての懸念材料と言える。

公式プロフィールより

'43年、福岡県生まれ。早稲田大学理工学部卒業。東京工業大学大学院原子核工学科で修士号、MIT大学院原子力工学科で博士号を取得。マッキンゼー・アンド・カンパニー本社ディレクター、日本支社長、アジア太平洋地区会長を歴任。以後も世界の大企業やアジア・太平洋における国家レベルのアドバイザーとして幅広く活躍するとともに、「ボーダレス経済学と地域国家論」の提唱者としてグローバルな視点と大胆な発想で活発な提言を行う

File No.06 大前研一

『企業参謀』

プレジデント社　'75年5月　※'99年に新装版刊行。講談社文庫版もあり

87点

企業の頭脳中枢として戦略的な行動方針を作り出すための思考法などを語る、今なお燦然と輝くデビュー作。現在刊行されている多くのビジネス本の“源流”とでも言うべき一冊である。大前作品の読者は、主にコンサルタントや、一般企業でも管理職・マネジャークラスと思われるが、若いビジネスパーソンにこそ読んでもらいたい。

『考える技術』

講談社　'04年11月　※'09年に文庫化

88点

コンサルタントのロジカルシンキングやフレームワーク、仮説思考などを、専門用語抜きに解説した一冊。「水を入れたコップをテーマに20分間話してください」といった練習問題の数々に答えていくうちに、思考力が身につくよう構成されている。

『ハイ・コンセプト 「新しいこと」を考え出す人の時代』

三笠書房　'06年5月　ダニエル・ピンク著

94点

ジャーナリスト、ダニエル・ピンクによる米ベストセラーを「非常に重要だと感じた」大前氏が自ら翻訳。これからは、コンピュータには不可能な発想を持っているビジネスパーソンのみが生き残れる。したがって、感性を磨くこと（左脳より右脳主導的な思考を鍛えること）が大切なのだと説く。多くの「右脳本」の元ネタとなったが、本書を超える一冊は登場していない。

『ドットコム・ショック―新旧交代の経済学』
小学館　'00年3月

89点
10年前に刊行された未来予想図的作品。インターネットの普及によりグローバル経済がどう推移していくのか、大前流の解説が、今読み返しても面白い。我々はすでに、これらの「予想」に対する結果を知っており、その中には当たっていることも外れていることもあるが、本質的な提言は外していないし、ここ10年の論点を整理できる。

『大前流心理経済学　貯めるな使え！』
講談社　'07年11月

98点
国の負債が2000兆円に達しても打つ手はある――と、とにかくいろんな施策を提案していく頼もしい一冊。今からでもいいので大前氏を企業参謀ならぬ政府の参謀にできないものか、歯噛みしたくなる。ついでに総理も、それこそ稲盛和夫氏など財界からスカウトしたらどうなんだろうか。

File No.07

奥野宣之

NOBUYUKI OKUNO

逆バリの手法でブレイクした等身大のサラリーマン著者

デビュー作『情報は1冊のノートにまとめなさい』が30万部を突破し、一躍ビジネス本界のスターにのし上がった著者。同書は複数のポイントにおいて、きわめて「時代に逆行」した作りでありながら、今の世にウケたという点で注目すべき一冊である。

まず、情報整理術本というジャンルにおいては、野口悠紀雄の『「超」整理法』(中公新書）が長らく決定版として君臨してきたという経緯がある。その『「超」整理法』も、時代のIT化に伴っていささか古びてきたため、'08年9月にはグーグル（主としてはGmail）の活用をメインテーマに据えた『超「超」整理法』(講談社）が刊行された。奥野氏は、この本とほぼ時期を同じくして（'08年3月)、**いきなり時代を30年前まで溯るかのように「一冊の手帳に情報をまとめよう」という提言を行ったわけだ**。

さらに、「手帳」というテーマで切り取ってみても、同書はアナクロ感を免れない。多機能手帳や輸入物のオシャレ手帳が隆盛を極めるなか、**奥野氏が使用しているのは、思いきりレトロなA6判の「100円ノート」である**。

そして何より、奥野氏自身のキャラクターが時代に逆行していることが指摘されるだろう。従来、ビジネス本の著者として成功するには「USP（ユニークセールスプロポジション。神田昌典氏が提唱したマーケティング戦略であり、平たく言えば尖ったプロフィールを打ち出しましょうということ）」が重要とされていたが、**奥野氏の肩書きはと言えば「業界紙記者」**。日刊工業新聞などの有名どころならまだしも、業界紙など全国にいくらでもあるわけで、記者も無数にいるだろう。読者にとっては「で、誰?」的な著者が、野口悠紀雄の向こうを張って「情報整理術」を語ったという意味でも前代未聞な一冊であった。

内容的にも優れていることは否定しないが、『情報は1冊の〜』の成功は、こうした「逆バリ」に拠るところが多いと筆者は思う。プロデュースを手がける「アップルシード・エージェンシー」（101ページ）の天才的マーケティングセンスのなせるわざだろう。もっとも、その後同じ戦略に乗っかって成功した本は少ない。たまたま読者が、「今っぽくない」（地に足のついた）本を求めていたタイミングと、刊行時期が重なったがゆえの、奇跡のヒットと言えるのではないか。なお、奥野氏のブレイク後、ビジネス本業界は「クチコミで売れる等身大の著者」探しに狂奔し、結果、「よくわからない著者による駄本」の氾濫を招いた。

公式プロフィールより

'81年、大阪府生まれ。同志社大学文学部卒業後、業界紙記者を経て現在、フリーランスの著作家。会社員時代の'08年、独自の情報整理術をまとめたデビュー作『情報は1冊のノートにまとめなさい』（ナナ・コーポレート・コミュニケーション）がベストセラーとなり、一躍脚光を浴びる

File No.07 **奥野宣之**

『情報は1冊のノートにまとめなさい』
ナナ・コーポレート・コミュニケーション　'08年3月

75点　貧者のノート術。スケジュールだけでなく、日記から家計簿から会議録まで、あらゆる情報を「100円のA6ノート」に一元管理するというもの。日付を空欄にしたスケジュールノートを貼り付けたり、メモ用のポケットを作ったり、DIY的なギミックが満載されているあたりに、著者の並々ならぬこだわりが感じられるが、貧乏臭いのが難点か。手帳記入時に6桁の日付ラベル（'10年6月20日→100620）をつけ、後でパソコンに入力して検索性を持たせようというのは、実現すれば便利であろうが、どう考えても面倒だ。

『読書は1冊のノートにまとめなさい』
ナナ・コーポレート・コミュニケーション　'08年12月

72点　読書メモのテクニック。本田直之氏の「レバレッジメモ」（138ページ）とも似ているが、本田氏のような「いずれリターンを回収するぞ」という気迫はなく、情報整理術的な内容。読者に便利なグッズが写真入りで紹介されているような心遣いは、ステーショナリー好きには嬉しい。『情報は～』同様、デジタル索引の作成が奨励されているが、筆者のような大ざっぱな人間には苦行としか思えない。

『だから、新書を読みなさい』
サンマーク出版　'09年9月

63点　新書から効率よく情報を収集するテクニック。「僕に言わせれば、新書はさまざまな物事を浅く広く知るための『最高のオリエンテーションツール』なのだ」とあるが、

「僕」に言わせなくても、そもそも新書ってそういうものではなかろうか？「新書を三冊同時にまとめて購入し、会社帰りに喫茶店で三時間ほどかけて拾い読みし、メモをつくる」――この「はじめに」の一文がほぼすべて。新書ザッピング、ザッピングメモ、逆張りインプットなど、キャッチーなネーミングには工夫が見られる。

『情報は「整理」しないで捨てなさい』

PHP研究所　'09年12月

60点

情報を整理して捨てるという作業だけで、一冊分のネタが出てくるあたりはすごい。これまでの著作同様、さして斬新というわけではないが、「言われてみれば……」程度には発見がある。思うに、この著者のファンは、いわゆる「あるある」ネタが好きな人なのではないか。これは自分もやってる（知ってる）、これはやってなかった（知らなかった）というように、一喜一憂することに楽しみを見出す人々なのだろう。

File No.08

勝間和代

KAZUYO KATSUMA

著作をツールに
「大衆ウケ」を狙う、希代の野心家

自分をアイコン化する手腕は当代随一。「元マッキンゼーのシングルマザー」という肩書を買われ、初単行本を出してからわずか数年で、誰知らぬ者のない“顔”になってみせた。そもそも**「勝間」という名前からして別れたダンナの姓**であり、それを臆面もなく名乗るあたりも彼女のマーケティングセンスではないかと思わせる。「鈴木和代」だったら、ここまでブレイクしなかったのではなかろうか。

編集者のコントロール下で書かれていた初期の著作は、ビジネス本として、普通にためになる。もともとPCオタクだった勝間氏は、デジタルツールやネットとの親和性が高く、それらを活用した「効率アップ」のテクニックにも精通していた。その流れで、いわゆるアルファブロガーと呼ばれる人々の支持を得た頃から、次第にカリスマ化していく。「一部の高感度な人々が情報を発信することで、その情報は一気に拡散する」という、マルコム・グラッドウェル氏（←勝間氏が監訳をつとめた『天才！』／講談社の著者にして、ネタ元のひとつ）が紹介したネットワーク理論を、自ら実践することに成功したわけだ。

それ以降の勝間氏の著作には、あまり一貫性がない。あれほど「効率アップ」を謳っていたのに、それに対するバッシングが増えると、「しなやか力」などと言って協調性を語ったりする。かつては「賢くない人から賢い人へお金が流れるのが資本主義の仕組み。だから寸暇を惜しんで勉強しよう」と提言していたのに、香山リカあたりに「そんなに頑張れない人もいる」と批判されると、「空いた時間で余暇を充実させよう」に変わる。要は、**巧みに世間の空気を読みながら、より大衆ウケするキャラクターに己をアップデートしている**わけで、最近の著作は、単にそのためのツールと化している。そんなものを喜んで読むのは信者(カツマー)だけだろう。

そこで誰もが気になるのは「で、この人は一体何がしたいのか?」ということである。筆者は、勝間氏の飽くなき上昇志向は、考え得る最高のポジション——すなわち**「史上初の女性総理」**を狙っているのだと、冗談ではなく考えている。万一そうなったとき、日本はどうなるのか。勝間氏の「その時々で気に入った言説を、大して検証もせず声高に語る」(しかも信者はそれを無条件で支持する)という習性を考えるにつけても、憂慮せずにはいられない。

公式プロフィールより
'68年、東京都生まれ。経済評論家、公認会計士。『無理なく続けられる年収10倍アップ勉強法』を皮切りに、次々とベストセラーを連発し、世に多くの信奉者(通称カツマー)を生み出す。テレビ出演も多い

『無理なく続けられる年収10倍アップ勉強法』

ディスカヴァー・トゥエンティワン　'07年4月

80点

'07年、ビジネス本界に鮮烈なデビューを果たし、第一作目にしてスターの登場を感じさせた記念すべき一冊。フォトリーディングやマインドマップといった神田昌典的な手法を女性が実践しているという点において新鮮であり、その語り口のわかりやすさゆえに、多くの読者を獲得した。なお、この頃からすでに経歴自慢の片鱗が窺える。

『無理なく続けられる年収10倍アップ時間投資法』

ディスカヴァー・トゥエンティワン　'07年10月

77点

続編は時間術。ディスカヴァー・トゥエンティワン社ならではの作り込みが光る。こちらも普通におすすめできる一冊。

『お金は銀行に預けるな』

光文社新書　'07年11月

58点

そのへんの投資本に書いてあることをまとめたような本であるが、この人が書くだけで、いかにも「提言」風になってしまうのがすごい。とはいえ、初心者にはインデックスファンド、慣れてきたらアクティブファンド――みたいなすすめ方はいかにも雑。論旨の矛盾も多々見受けられる。本人は印税を銀行預金していたという噂は本当なのだろうか。

『効率が10倍アップする新・知的生産術
―自分をグーグル化する方法』

ダイヤモンド社　'07年12月

85点

「情報は通貨である」というコンセプトのもと、デジタルツールを駆使して情報をインプット・アウトプットするテクニックを語る。愛用の自転車と本人のカラー写真の多用も話題になった。恒例の箔付け（資格・学歴・受賞歴自慢）がさらに長くなっていることを除けば、秀逸な構成、情報量、口絵の写真などの遊びも含め、ここ数年に出たビジネス本の中でもトップ10には入るであろう出来栄え。この著者が、わずか1～2年で『断る力』や『キレイが勝ち』などの迷著をものするようになるとは、誰が予想しただろうか。

『勝間和代の日本を変えよう』

毎日新聞社　'08年9月

55点

勝間氏の所信表明第一作。とにかく勝間和代の本を出したいという出版社側と、政界進出を睨む本人の利害が一致したのだろうか。読みどころは西原理恵子氏、雨宮処凛氏との対談。

『読書進化論』

小学館101新書　'08年10月

44点

「勝間の勝間によるカツマーのための」本第一弾。著書のヒットを背景に、「私の本がなぜ売れたのか」を臆面もなく多面的に語り下ろした一冊。今だからこそ、担当編集者にこの本の出版意図を聞いてみたい。また、話題の著者に安易に飛びつく風潮にも疑問を呈したい。

File No.08 勝間和代

『断る力』

文春新書　'09年2月

45点

都心の地下鉄へのステッカー広告など、表紙のインパクトだけで売り抜けようとしたかのような一冊。自己中心的な言動が各所でバッシングを受けるに至り、それは「アサーティブ主義」に基づく態度であったと主張する、言うなれば「言い訳本」。本来、アサーティブネスの定義とは「自分の要求や意見を、相手の権利を侵害することなく、誠実に、率直に、対等に表現すること」であり、過剰に自己主張することとはまるで違うはずなのだが……。

『結局、女はキレイが勝ち。』

マガジンハウス　'09年12月

5点

なぜ、誰が、どのような理由であの「勝間和代」に美容術を学ぼうと思うのか、編集者の冗談なのか何なのか、理解の範囲を遥かに超えた衝撃作、もとい笑劇作。amazonレビューでは「狂気のラインを超えた一冊」という歴史的名コピーまで生まれた。この本を許容できるかどうかで、勝間和代を受け入れられるかどうか、あるいはカツマーかカツマーでないかがわかるだろう。教祖と化した勝間氏による踏み絵的な一冊。

Column 1

ビジネス本ブームの立役者

本書を通して見れば、取り上げている作品の出版社に、いわゆる「大手」と呼ばれる会社が少ないことに気づくはずだ。講談社がチラホラ見られる程度で、小学館、集英社、文藝春秋あたりは探すのに苦労するほど。平たく言えば、大手出版社はビジネス本に弱いのである（その理由は後述する）。

ビジネス本の世界では、東洋経済新報社と日本経済新聞社が「両雄」とされる。これに続くのがダイヤモンド社やPHP研究所であるが、これらの大手と並んで現在のビジネス本ブームを牽引してきた、中堅、新興のビジネス本出版社の存在も見逃せない。『1分間勉強法』が、'09年のビジネス書ベストセラーランキング入り（日販調べ）した中経出版、『日本で一番大切にしたい会社』がテレビ東京の『カンブリア宮殿』で紹介されて大ヒットしたあさ出版、そして勝間和代氏を発掘したディスカヴァー・トゥエンティワン社などが、その典型と言えるだろう。

ちなみに、ディスカヴァー社は小宮一慶氏や泉正人氏らも“ディスカヴァー”してデビュー作をヒットさせ、売れっ子へと成長させている。ここで、素朴な疑問を覚えた読者もいるだろう。文芸のように「新人賞」の類がないビジネス本の世界で、無名の作家の本がなぜ次々とヒットするのだろうか、と。その答えはズバリ「売れるビジネス本のフォーマットに則っているから」である。(57ページへ続く)

File No.09

金森重樹

SHIGEKI KANAMORI

ドメスティックな金儲けの求道者にして、スゴ腕のビジネス本翻訳者

「ビンボーから脱出してお金持ちになる方法」を説く一人としてブレイクした著者である。キメ台詞は**「人間所詮クソ袋だ」**。所詮クソ袋だから、破産したっていいじゃないか。勝負に出ようぜ！というスタンスで、「不動産投資で１年間で10億円つくるノウハウ」などを開陳。非常に頭がよく、法律の知識にも詳しい人間が、博識を駆使してラディカルなお金儲け法を提案するという作風は、橘玲氏（90ページ）に通じるものがある。もっとも、金森氏の場合、海外投資には一切目を向けず、**一貫して国内のビジネスや不動産、事業再生などで儲ける方法を追求**。その意味では「ドメスティックな橘玲」とでも言うべき存在だ。

一方で、**「英語ビジネス本の監訳者」としての顔も有名**。とりわけ、人間関係に関する名著『自分の小さな「箱」から脱出する方法』の新訳（大和書房）では高い評価を受けている。アメリカの天才マーケッター、ジェイ・エイブラハムが日本で有名になったのも、金森氏による翻訳がきっかけ。『ハイパワー・マーケティング』『クラッシュ・マーケティング』といった、金森氏独特のタイトルのセンスもブームに一役買っている。つくづく多才な人である。

最近では、『お金の味』という自伝的著作が、『ホームレス中学生』的な「フィクションっぽいノンフィクション」としてヒットし、**「私小説風ビジネス本」という新たなジャンルを切り開いた**。年収240万円のフリーターにして１億2000万円の負債を負った著者が、いかにＶ字回復を果たしたかというドキュメントであり、ビジネス本の世界にこの手の経験は大して珍しくないという点を差し引いても、なかなか読ませる。**惜しむらくは、終始一貫して金の奪い合いの話しか出てこないこと**。もうちょっと、恋愛ネタなどを絡ませていった方が、私小説としてはウケるのではないだろうか……。

公式プロフィールより

'70年生まれ。25歳、年収240万円のフリーターのときに負った5400万円の借金が、5年間で利息と遅延損害金で1億2000万円まで膨れ上がる。会社に就職してサラリーマンになるとともにマーケティング技術を極め、その後独立し10年かかって借金を完済。金森実業代表として、不動産会社経営、ホテルチェーン経営、行政書士事務所経営などを行う

File No.09 **金森重樹**

『超・営業法』
PHP研究所 '04年2月

70点

行政書士として独立後、わずか１ヶ月で100万円稼いだというそのコツを伝授する一冊。行政書士は、弁護士や司法書士など他の法律系国家資格に比べると受かりやすいが、巷に溢れすぎて食べていけない人も多い。一方で金森氏は、マーケティングの発想を業界に持ち込み、債務整理や相続問題などの新たなニーズを掘り起こすことで、開業まもなく月商100万円、３年後には年商１億円という脅威的な売り上げを達成した。その先見性に学ぶところは大きい。

『ハイパワー・マーケティング』
インデックス・コミュニケーションズ '05年2月 ジェイ・エイブラハム著

86点

翻訳者としての金森氏の力量を世に示した一冊。天才マーケッター、ジェイ・エイブラハム氏の名著を完訳、ならぬ監訳したもの。Amazonのマーケットプレイスで定価の10倍以上の値をつけていた幻の名著がベールを脱ぎ、本書を元ネタにして本を書いたり講演を行ったりしていた日本のマーケッターたちが青ざめたという噂も……。続編の『クラッシュ・マーケティング』（実業之日本社）も必読。

『1年で10億つくる！ 不動産投資の破壊的成功法』
ダイヤモンド社 '05年10月

82点

営業で稼いだ金をタネ銭に始めた不動産投資について書いた一冊。金森氏ブレイクの書となる。「年収は金で買え」「ワンルームマンション投資は０か100かの丁半博打」といった過激な言説は金森氏の真骨頂。

『自分の小さな「箱」から脱出する方法』

大和書房　'06年10月　アービンジャー・インスティチュート著

90点

かつて三笠書房から出版され、そのまま絶版になっていた本を発掘し、新訳という形で発表したところ大ヒット。監訳者としての金森氏の名声を決定づけた一冊。人間関係の名著として本田健氏も絶賛。

『お金の味』

大和書房　'09年2月

79点

岡山から東京に出てきた金森氏は、あっというまにパチンコにハマり、6年かけてやっと大学を卒業。そうこうするうちに先物取引に騙され、さらにその資金を用立ててくれた人物がとんでもない悪徳金貸しだったということが判明。そこから理詰めで借金を返済していき、さらに裁判で対決して憎き相手に勝つ……という実話。

File No.10

神田昌典

MASANORI KANDA

ダイレクトマーケティングを流行らせた「日本一のマーケッター」

人呼んで「日本一のマーケッター」。'02年頃より、「会社が劇的に売り上げを伸ばすためのマーケティングの本」の類を立て続けにヒットさせ、人気作家となる。

最盛期の神田氏の、セールスコピーのキレは天才的と言うより他なく、**魔術のように人の心を捉えたものだ**。タイトルや帯のコピーに反応して神田氏の著作を手に取った読者は、もれなく氏が展開する情報商材のチラシに誘導されるという仕組みになっていた。つまり神田氏は、著作で語っているメソッドを実践することによって、自らも大儲けすることに成功していたわけだ。**「実践マーケッター」(←神田氏の肩書き)の面目躍如である**。

さらに、「加速学習法」や「フォトリーディング」など、海外の(いささか怪しげな)学習メソッドを日本に紹介し、定着させたことで、押しも押されもせぬビジネス本界のカリスマに。自己啓発本である『非常識な成功法則』や、ストーリー形式で起業ノウハウを綴った『成功者の告白』もヒットした。ところが、**人はカリスマ化すると往々にして妙な方向に行きたがる**もので、'06年に『お金と正義』なるエンタメ小説を出してから雲行きがおかしくなり始める。

ミステリー仕立てで拝金主義を批判するという、ポンチ小説もどきのこの作品は、見事にスベった。その後も迷走は続き、一時は完全にスピリチュアル系の人に……。

ところが、誰もが「終わった」と思っていた神田氏のもとへ、突如神風が吹く。**「勝間和代」という神風が……**。ブレイクしたばかりの勝間氏が「私は神田さんの本を擦り切れるまで読んで成功した」と、唐突にリスペクト宣言！その機に乗じて、再びカリスマの座を取り戻した格好である。といっても、往時のキレはもはやない。それでも、再びスピリチュアルに戻ったりしなければ、今後も大御所としての地位は安泰だろう。

公式プロフィールより

上智大学外国語学部卒。大学3年次に外交官試験合格。大学4年次より、外務省経済局に勤務。ニューヨーク大学経済学修士（MA）、ペンシルバニア大学ウォートンスクール経営学修士（MBA）取得。その後、米国家電メーカー日本代表を経て、経営コンサルタントに。総合ビジネス誌では「日本一のマーケッター」に選出されている。著書の累計出版部数は200万部を超える

File No.10 神田昌典

『あなたもいままでの10倍速く本が読める』

フォレスト出版　'01年9月　ポール・R・シーリィ著

86点

フォトリーディングを日本に根付かせるきっかけとなった記念碑的作品。現在においても次々に速読の本が刊行されている状況を考えると、神田氏の天才マーケッターぶりには頭が下がる思いがする。個人的には、フォトリーディングという写真的な記憶術に頼った速読法には懐疑的にならざるを得ないが、一般的な（真っ当な）速読のメソッドを紹介した本としてもよく出来ている。このあたりのバランス感覚も、神田氏を人気作家たらしめた一因と言えるだろう。

『非常識な成功法則』

フォレスト出版　'02年6月

90点

「謙虚でなければいけない」「人との出会いが大切」などの、いわゆる「成功法則」は、成功した人がさらに成長するためのものが多く、凡人が成功するには役に立たない——とする“裏”成功法則のススメ。「目標を紙に書いて毎朝晩眺める」など。スピリチュアルとしか思えない人も多いかもしれないが、本書を愛読していたと語る「成功者」が多数存在するのも事実である。私も個人的に大好きな一冊。

『60分間・企業ダントツ化プロジェクト』

ダイヤモンド社　'02年12月

89点

劇的に売り上げを上げるためのマーケティングの本としてベストセラーになった一冊。「春夏秋冬理論」をはじめとする「神田理論」をまとめた集大成的な一冊。後の『全脳思考』は、ほぼ本書をリメイクしたもの。

『成功者の告白』

講談社　'04年1月　※'06年に文庫化

90点

キャッチは「5年間の起業ノウハウを3時間で学べる物語」。小説形式で書かれたビジネス本としては、国内最高峰である。

『お金と英語の非常識な関係』

フォレスト出版　'04年7月

85点

自身が海外の原書からさまざまなネタを拾ってきていた神田氏の面目躍如たる一冊。海外の原典（書籍だけでなく、雑誌や広告も含む）に当たってまで「儲け」のヒントをみつけたい人にとっては最高の情報源。この本を読むだけで、自分もじゃんじゃん英語で稼げるんじゃないかという錯覚を抱かせるところは、さすがのエモーショナルマーケティング効果と言うべきか。

『人生の旋律　死の直前、老賢人は何を教えたのか？』

講談社　'05年7月　※'07年に文庫化

82点

岸信介元首相のスーパーバイザーであったという近藤藤太氏の(ほぼ架空の)半生を描いた作品。『成功者の告白』の続編という位置づけらしい。小説として読めば面白いのだが、なぜわざわざノンフィクションという体裁にしたのか。かえってフェイクドキュメンタリーのような胡散臭さが強調されてしまっている。

File No.10 神田昌典

『お金と正義』

PHP研究所　'06年9月　※'09年に文庫化

25点

ガソリンスタンドで働くフリーターが、「自殺した姉からの謎の手紙」をきっかけに、IT企業の巨大ビジネスの黒い影と戦う……というお話。

『あなたの悩みが世界を救う! 不条理な世の中を生き抜くための人生バイブル』

ダイヤモンド社　'06年12月

5点

人生相談本。エリートコースを歩んできたビジネス本作家らしい、可もなく不可もない理屈っぽい回答が続く。神田氏、担当編集者氏の迷走ぶりが目に浮かぶ、黒歴史的な作品。よほど『週刊プレイボーイ』の人生相談の方が、救われる人が多いのではないか。佐藤優氏の人生相談などと読み比べると、人生経験の幅の広さに致命的な差があるのではないかという気がする。

『全脳思考』

ダイヤモンド社　'09年6月

86点

復活をかけた執念の書。久々に出たマトモな著作であるが、内容的には『60分間・企業ダントツ化プロジェクト』のリメイク。「勝間効果」で盛り上がっている機に乗じようという商魂を感じさせる。新ネタとしては、オットー・シャーマーとピーター・センゲのU理論（詳しくは講談社の『出現する未来』を読まれたい）や、ダニエル・ピンクの著作（36ページ）の影響が窺える。いまどきのホワイトカラーが置かれている環境を「知的蟹工船」などと表現するコピーのうまさは相変わらず。

Column 2

「売れるビジネス本」の条件

「売れるビジネス本」の条件とは、まず、「商品としてしっかり作り込まれていること」が挙げられるだろう。知恵を絞ったタイトル、オシャレな装丁、１ページあたりの文字数が少なく、太字やまとめを多用した、理解しやすいレイアウト、脚注の挿入や口絵の写真——などなど、売れるビジネス本には共通したパターンがあるのだ。これを私は「ビジネス本の文法（フォーマット）に忠実に則った作り」と読んでいるのだが、現在は各社が、かなり細かいところで差を出すべく努力しているため、そのフォーマットは日進月歩で進化している。

一方、長く日本の文化を担ってきた大手出版社は、その矜持ゆえか、ビジネス本の「売れるフォーマット」に注意を払わない傾向がある。「いい本を作っていれば売れるはず」という、「もの作り主義」にとらわれている——とも言えるだろうか。また、カルチャーに強い出版社の場合「あえてビジネス本っぽくない作り方」を狙ったのが裏目に出て、人気作家を確保したのに不発に終わっている例が顕著だ（石井裕之氏の『かぼ』、古市幸雄氏の『「カレーライス」の法則』、小飼弾氏の『空気を読むな、本を読め』など）。ブームに乗ってビジネス本への参入を試みた大手出版社の多くが苦戦を強いられていることには、そんな背景もあるだろう。ビジネス本の世界で勝ち組になるのは容易いことではない。(95ページに続く)

File No.11

小飼 弾

DAN KOGAI

書評アフィリエイト収入だけで月収60万円(!?)のアルファブロガー

元オン・ザ・エッヂ（ライブドアの前身）CTO。ホリエモン事件の当時、元同僚ということでメディアに登場して注目された人物である。

'01年にオン・ザ・エッヂを退社した後は、投資家、プログラマーという本業の傍ら、書評を中心としたブログ「404 Blog Not Found」を運営。最近はTwitterに力を入れているようだが、**もっとも盛り上がっていた頃のブログのアフィリエイト収入は月60万円に達していた**というからすごい。小飼氏は、高校で飛び級して大検に受かり、そのままアメリカのカリフォルニア大学バークレー校に留学、長じては凄腕プログラマーとしてホリエモンからヘッドハントされたという、まさしく「天才」。**とてつもない博識と数学的感性に裏打ちされた論理的思考でもって、ズバッと作品の本質を突く書評**が読者の支持を得たのも当然だろう。小飼氏のブログで書評されるのは、日経新聞に１回広告を出すのと同じくらいの効果があると言われる（ちなみに、筆者の本で一番売れたのも、小飼弾氏のブログで紹介された一冊である）。

だが、「小飼弾がブログで紹介した本」は売れるのに、

「小飼弾が書いた本」が今ひとつ売れないのは何故なのか。これは、ビジネス本界の七不思議のひとつと言ってよいだろう。語られている内容のオリジナル度は高く、頭のいい人にズバッとモノを言ってもらう爽快感もあるのだが、天才の言うことゆえに、ビジネス本としては役立てにくい……ということなのだろうか。最近では、政治的な内容に言及した著作が目立つが、またビジネス本も積極的に執筆してほしいものである。

公式プロフィールより

'69年生まれ。ブロガー、プログラマー、投資家。カリフォルニア大学バークレー校中退。'96年、ディーエイエヌ設立。'99年より、オン・ザ・エッヂ（後のライブドア）CTOを務める。'01年に同社を退社し、再びディーエイエヌ代表に。ブログ「404 Blog Not Found」（'04年スタート）を主宰

File No.11 **小飼 弾**

『小飼弾のアルファギークに逢ってきた』
技術評論社 '08年4月

70点 厳密にはビジネス書ではないが、書評ブロガーとして認知されるようになってからの第一作。アルファギーク、すなわち「オタクの進化種」へのインタビュー本であり、インタビューアーとしての小飼氏の手腕が光る。「はてな」の近藤社長夫妻と小飼夫妻の夫婦対談などもあり、ファンなら必読だろう。

『弾言　成功する人生とバランスシートの使い方』
アスペクト '08年9月

79点 元オン・ザ・エッヂCTO、投資家、ブロガーというさまざまな属性から、ヒト・カネ・モノについて「断言」しまくった、小飼氏の一般的な意味での代表作。ベーシックインカムの話など、政界進出への期待が高まる一冊。

『決弾　最適解を見つける思考の技術』
アスペクト '09年3月

79点 Q&A形式でさまざまな（恋愛から子育てまで！）人生相談に答えるという内容。回答のクオリティは極めて高く、頭のいい人が明快に「決断」する小気味よさもある。小飼ファンとカツマー（対談あり）であればプラス10点かも。

『小飼弾の「仕組み」進化論』
日本実業出版社 '09年3月

68点 「パレートの法則」で言うところの80：20の割合は、通常20％が物事の重要な部分を占めているという意味。ここで小飼氏は「20％だけ仕事をして、残りの80％は創造力を高めるために遊べ!」という独自の解釈を披露する。氏が言うように、グーグルの技術者がビジネスタイムの2割しか働いていない――という話が本当かどうかはさておき、一般読者にはいささか敷居が高い。

『空気を読むな、本を読め』
イースト・プレス　'09年10月

70点

前半で語られる小飼氏の半生が興味深い。本題の「読書術」については、想定読者レベルを下げすぎている印象。というか、小飼氏自身の読書術はもっと高度なものであるはずだと思うのだが。

『働かざるもの、飢えるべからず。』
サンガ　'09年11月

82点

小飼氏による出馬表明とも取れなくはない一冊。従来述べてきたベーシックインカム制度などを、どう実現させるかを詳しく述べている。本書の最大の読みどころは、上座部仏教の高僧スマナサーラ長老との対談部分。ベーシックインカムのような、ある意味極端な仕組みは、スマナサーラ長老のような「俗世の欲を完全に捨てた人」が運営すべきなのではないかと考えさせられる。さもないと、小手先の適当な政策になってしまうのではないか。

File No.12

小堺桂悦郎

KEIETSURO KOZAKAI

ぶっちゃけトークが魅力の
節税コンサルタント

元銀行の融資担当者として、中小企業の社長向けに「節税」と「資金繰り」のハウツーを説いて注目された著者。と言っても、基本的には**「会社を私物化した社長のための節税法」**である。ベンツ、愛人、キャバクラという、中小企業社長の脂ぎった願望を全肯定。社員への福利厚生なんてどうでもよくて、どうすれば税制上一番おトクにベンツを買うことができるかとか、借金を抱えていてもキャバクラで遊ぶにはどうすればいいかとか、そんな話題が満載なのだ。会計のカラクリを面白おかしく解説するという意味では、「オヤジのための『さおだけ屋はなぜ潰れないのか？』」である。

マジメな人からすると噴飯物かもしれないが、**「世の中の会社の98%は赤字」というメッセージは、経営者にとっては心強い**。資金繰りに詰まって自殺する経営者が後を絶たないと言われるが、生き延びている企業だって、どこも自転車操業。いかに銀行員を騙してお金を借りられるかが、文字通り生死を分けるのかもしれない。税理士などの資格保持者は、立場上どう頑張ってもこんな本は書けないので（脱税などを指南した日には、資格剥奪は必至である)、

「一節税コンサルタント」いう立場で、ぶっちゃけトークをかますことのできる小堺氏は、唯一無二の存在と言える。
　もっとも、ご時勢柄、「節税」に対する世の中の見る目が厳しくなってきたことを受け（会計基準も実際に厳しくなっている）、近著では往時のはっちゃけ感が鳴りを潜めているのが寂しい。これもまた時代だろうか。

公式プロフィールより
バブル景気と言われた1980年代後半から金融機関の融資係として過ごし、その後、税理士事務所に転職。金融機関での経験から税理士事務所在職中のほとんどを顧問先の銀行対策を含めた資金繰りコンサルティング業務に専念する。'02年4月、小堺コンサルティング事務所を設立

File No.12 小堺桂悦郎

『借りる技術 返す技術
—元銀行融資担当が教える資金繰り』
フォレスト出版 '02年11月

80点
中小企業の経営者向けに、元銀行融資担当者が「どういう決算書を持ってくれば、銀行がお金を貸すのか」などのノウハウを開示した本。手品師が手品のテクニックをバラすかのごとき、かつてなかった一冊。

『借金バンザイ！』
フォレスト出版 '04年3月

65点
借金経営のしのぎかた教えます……という一冊。悪ノリ感とぶっちゃけトークがエスカレートし、芸風に磨きがかかった。「ようこそ自転車操業クラブへ」という章タイトルなど、ノリが実にフォレストっぽい。

『粉飾バンザイ！』
フォレスト出版 '04年9月

60点
もはや犯罪幇助に近い一冊。ちょっと景気がよくなり、経営者のモラルもおかしくなって、ホリエモンあたりが暴れていた時代の大らかさを偲ばせる貴重な資料。

『なぜ、社長のベンツは4ドアなのか?』
フォレスト出版 '06年5月

82点
まさしく「おやじのための『さおだけ屋はなぜ潰れないのか？』」。ベンツを経費で落とすには中古の４ドアが有利……といった裏会計の実例が、いつものぶっちゃけノリで語られており、読み物としても楽しい。

『ベンツを買って丸ビルに行け！』
フォレスト出版　'08年7月

68点

「４ドア～」よりも、さらに始末に負えないタイプの社長が登場。銀行からカネを借りたと思ったらすぐにソープで使っちゃったとか、愛人にマンションを買って社宅として経費で落とすのはOKなのか、とか。経営者という人種に接する機会がある人にとっては「いるいる、こういう社長」的な楽しみ方もできるが、今となってはバブル臭が強すぎるか。

『消費と投資で人生を狂わすな』
幻冬舎　'10年5月

72点

バブルもとうに終わり、潮目が変わったところで読者ターゲットを中小企業経営者から一般人にシフトした意欲作。車、保険、年金、投資などをテーマに、おなじみのぶっちゃけトークが展開される。

File No.13

午堂登紀雄

TOKIO GODO

ハングリー精神でビンボー脱出を説く、「元ダメ社会人」

午堂氏もまた、「ビンボーから脱出してお金持ちになる方法」を説いてデビューした著者である。極貧の学生生活をおくり、卒業後も就職が決まらずフリーターに。ようやく就職できた会計事務所もわずか1年で追われるように退社……という、元ダメ社会人としての経歴に、共感を覚える読者も多いだろう。

外資系コンサルティングファームを経て独立後、持ち前のハングリー精神で不動産投資を始め、1年間で資産3億円、年間収入1200万円を達成。こうした実績をベースに、**「生きたお金の使い方」を説くのが身上**であり、貯金・節約を奨励したがる昨今の潮流には逆行しているとも言える。例えば、初対面の人に高いメシを奢るのは生き金だと午堂氏は言う。それがビジネスのきっかけに繋がるかもしれないのだから。金持ちになる方法はただ一つ。キャッシュフローを作って、それをどんどん投資して、雪だるまのように大きくしていくこと――そのための「生き金」の使い方が重要なのだと。

資産の増やし方についても、午堂氏は例えば内藤忍氏（102ページ）が提唱するような、長期投資の考え方には与しない。投資は利食いしないと意味がない。ある程度のリターンが出た段階で利食いして確定させ、それをまた別のところに投資する。そうやって増やしていくのが「お金の才能」なのであり、「持ちっぱなし」なんてとんでもない……というわけだ。

午堂氏の主張は、基本的には独立自営する人のための考え方であり、**ある程度お金を持っている人が、さらにお金を増やすための考え方**である。したがって、一般的なサラリーマンの読者にとってはハードルが高く感じられることも多いだろう。だが、そのメッセージは、「守り」一辺倒の世の中にあって新鮮であり、それゆえに一読をすすめたい。一方で、**元経営コンサルタントとしての経験を活かした読書術、知的生産術なども得意**。守備範囲は非常に広い作家である。

公式プロフィールより

'71年、岡山県生まれ。米国公認会計士。東京都内の会計事務所、大手流通企業のマーケティング部門を経て、世界的な戦略系経営コンサルティングファームであるアーサー・D・リトルで経営コンサルタントとして活躍。現在は不動産投資コンサルティングを手がけるかたわら、キャリアプランやビジネススキルアップ、資産運用に関するセミナー、講演で活躍

File No.13 **午堂登紀雄**

『33歳で資産3億円をつくった私の方法』

三笠書房　'06年2月

75点

貯金70万円しかなかった普通のサラリーマンが、たった１年で資産３億円、年間収入1200万円を達成したノウハウ。タイトルこそイロモノ系だが、ハングリー精神とでも言うべき気骨を感じさせる。そのガッツは金森重樹氏（48ページ）に通じるものがあるが、奇しくも２人は同じ岡山県出身である。

『お金を稼ぐ読書術』

ビジネス社　'09年6月

65点

本から学んだ知識で投資を成功させ、作家としても成功したと語る著者は、月５万円、年間60万円の本代が「投資で３億円に化け、数億円の会社の売り上げに貢献し、数千万円の印税をもたらし、数千万円のコストダウンにつながっています」と書く。読書からリターンを回収しようという貪欲さは、『レバレッジ・リーディング』の本田直之氏を凌ぐ。

『お金の才能』

かんき出版　'09年12月

72点

生き金を使うことでさらなる富が生まれると説く、午堂流マネーリテラシー本。どう金を使うか常に考えろというのが、本質的なメッセージだ。「サラリーマンとは、自分で顧客を創造できない人や、自分の腕でお金を稼げない人がなる職業」など、読者の耳に痛いセリフもこの著者の十八番である。

『「読む・考える・書く」技術』
ダイヤモンド社　'10年1月

70点

この短期間で再び読書術の本を出しても、ある程度のクオリティが担保されているのは午堂氏の力量のなせるわざだが、さすがにネタかぶりは免れない。「お金」「読書」「お金＋読書」という機械的なローテーションで、搾り取るかのごとく本を出させようとする、版元の姿勢にも疑問を抱かざるを得ない。

File No.14

小宮一慶

KAZUYOSHI KOMIYA

「他人とは違う目の付けどころ」で唸らせる、人気経営コンサルタント

経営コンサルタントとは一体どんな仕事をする人々なのか、不思議に思ったことはないだろうか。カリスマコンサルタントとして知られる小宮一慶氏の著作は、そんな素朴な疑問に対する一つの簡潔な回答である。すなわち、**経営コンサルタントとは「他人とは違う目の付けどころ」を披露するのをメシのタネにしている人々なのである**。月に1回だけ会議に出席して、ほかの誰も気づかなかったような指摘をしてみせ、一瞬でその場の全員を納得させる……そんな人々である。

他人とは違ったところに目を付け、物事の「本質」を見抜くというのは、頭のいい人の特権である。小宮氏の著作には、そんな「目の付けどころ」が満載である。会社の経営状態を1秒で見抜く方法から、職場の女性が髪を切ったことに誰よりも早く気づく方法まで……。それを読んだ人の頭がよくなるかどうかはさておき、頭のいい人の思考を追体験できるという面白さはあるだろう。読者目線のビジネス本が多い昨今、**実績のあるビジネスパーソンが（やや上から目線で）ビジネスの勘所を語るという、かつての王道的なスタイル**はかえって新鮮だ。

ジャンル的には、大前研一や長谷川慶太郎らと同じグループに属する著者と言えるが、話が国際政治経済などに及びがちな両者と異なり、**小宮氏の視線はドメスティックな範囲に留まっている**。世界のことより身の回りのことの方が大事なんだよ！という読者にとっては、小宮氏の著作の方が読み甲斐があるだろう（個人的には、大前氏らの著作の方が好みではある）。

公式プロフィールより
大阪府生まれ。経営コンサルタント。小宮コンサルタンツ代表。京都大学法学部卒業。米国ダートマス大学エイモスタック経営大学院へ留学（MBA取得）。東京銀行（現・三菱東京UFJ銀行）、岡本アソシエイツ、日本福祉サービス（現セントケア・ホールディング）を経て現職。その他に現在十数社の非常勤役員を務める

File No.14 **小宮一慶**

『ビジネスマンのための「発見力」養成講座』

ディスカヴァー・トゥエンティワン　'07年9月

70点

「小宮氏ならではの物の見え方」が満載された一冊。新幹線の改札とかコンビニの前とか、日常的に誰でも遭遇できそうなシーンがピックアップされており、「同じ場面を見ていても、こんなに見えている物が違うんだ」という驚きを味わえるという意味では楽しい一冊。ただ、その視点をどう実生活に活かせばいいのかと問われると、首を捻らざるを得ない。

『お金を知る技術 殖やす技術』

朝日新聞出版　'08年8月

82点

この超低金利時代に銀行に預金しているだけではダメだ――と感じてはいても、どうすればいいかわからない人は、勝間和代氏の『お金は銀行に預けるな』ではなく、本書を買って、何度も読んでみるべきだ。

『あたりまえのことをバカになってちゃんとやる』

サンマーク出版　'09年4月

65点

トイレ掃除のような小さなことを徹底することで、自分の徹底ぶりの足りなさに気がつく――などの話は有難いのだが、小宮氏のような頭のいい人に「あたりまえのことをバカになってちゃんとやれ」と言われると、若い人なら上司に怒られているようで少しイラっとするかも。後半は運命や人生の話が多く、管理職向けの本だろう。会社で訓示を垂れるときの元ネタとして使える。

『一流になる力　ビジネスで勝ち残るための教科書』
講談社　'09年6月

78点

コンサルタントとしての豊富な経験に裏打ちされた分析力、人間観察力が見事に結実している。二極分化する社会においてビジネスマンにはもはや横並び、年功序列の考え方は通用しなくなり、一流か三流のどちらかの生き方しかないと警鐘を鳴らし、「一流のビジネスマンの考え方や行動原理」を、実例を基に説明する。

『人生の原理』
サンマーク出版　'10年1月

50点

サンマーク出版らしい有難い訓話。右ページに「素直になること」など有難い言葉が書かれており、左ページはその説明という見開き構成になっている。

File No.15

小室淑恵

YOSHIE KOMURO

ビジネス本界随一の美女にして
ワークライフバランスの第一人者

小室氏の弱点は「美しすぎること」かもしれない。どこぞの市議も顔負けの美貌が著作の帯を飾っているのを見て、タレント著者本とカン違いする読者もいるかもしれないが、**小室氏はワークライフバランスの専門家であり、政府のメンバーにも選ばれたりしているバリバリの実力派**なのだ。

ワークライフバランスとは、従来の「仕事命」か「仕事よりプライベート重視」という二つに一つの選択肢ではなく、ライフの充実がワーク時に多くのアイデアを生み、より高度な創造に繋がるという「公私の生産性の向上」を説くものである。女性の場合は子育てなどもあり、余計にライフを充実させる仕事のやり方でないと、仕事を続けること自体が難しい。統計的にも、「女性の労働力率が高い国ほど出生率が高い」という傾向が見られる。**少子化にストップをかけて国力をアップさせるには、ワークライフバランスを考えた職場の仕組みを作ることが必至なのである。**

……という、誠に素晴らしい提言を小室氏は行っているのだが、もちろん一般向けの著作の中では、ワークライフバランスの理論を応用した段取り術などが紹介されており、十分に実用的でもある。子育てしたいキャリアウーマンのみならず、要領の悪いサラリーマン諸氏にも、ぜひ一読をおすすめしたい。

余談だが、昨今のビジネス本界では、女性作家の「ビジュアル化」が進んでおり、カバーや帯に写真を載せていない人の方が珍しいように思う。華やかなのはよいことだが、女芸人にしろ女性国会議員にしろ、「ビジュアルがウリ」というのは「実力がない」ことと同義だったはず。人によっては、ビジュアルを前面に出しすぎることで二重の逆効果になる恐れもあるわけで、いい加減、この傾向には歯止めをかけるべきだろう。こうした手法が功を奏するのは、容姿、実力ともに誰にも文句のつけようがないスペックを持つ小室氏のような、ごく限られた女性作家のみなのである。

公式プロフィールより

ワーク・ライフバランス代表取締役。'99年、資生堂入社。育児休業者の職場復帰支援事業を立ち上げる。独立後に起業し、育児休業者、介護休業者等をサポートする仕組み「ARMO(アルモ)」を開発。'09年よりワーク・ライフバランスコンサルタント養成講座を主宰。'10年春、働き方を変えたいビジネスパーソンを応援するモバイルサイト「働き方チェンジナビ」をスタート

File No.15 小室淑恵

『ワークライフバランス―考え方と導入法』

日本能率協会マネジメントセンター　'07年7月　※'10年に改訂版刊行

82点

完全に専門書であるが、後に一般向けに語られるようになった小室氏のワークライフバランス理論が詰まった一冊。コクヨ、インデックス、ＮＴＴデータ、花王、クレディセゾンなど、ワークライフバランス先進企業における取り組みの事例から、導入の８ステップなどを示す。

『キャリアも恋も手に入れる、あなたが輝く働き方』

ダイヤモンド社　'08年3月

80点

小室氏のキャラや生い立ちを全面に出す一方で、後半では自身のプライベートライフとワークライフバランスをしっかりリンクさせて語る。結婚しても働き続けたい女性が、理想のパートナーを見つけるにはどうすればいいか……などにも言及。勝間本よりこちらを読んでいる女性の方がモテそう……というか健全であろう。

『６時に帰るチーム術』

日本能率協会マネジメントセンター　'08年12月

78点

部署をひとつのユニットとして見た場合、誰が何をやっているのかが見えない状態では、不慮の事故で休んだときなどに誰も引継ぎできない。本来、「チーム」では、仕事の進行がすべてガラス張りにされているべきである……と説く。このようなシステムを作ろうとすると、往々にしてスタッフは嫌がるので、彼らをいかに納得させるかについても言及。行き届いた一冊。

『人生と仕事の段取り術』
PHPビジネス新書　'10年1月

70点
『6時に帰るチーム術』のダイジェストのような内容。子育てと仕事の両立についても言及しており、キャリア女性向き。

『小室淑恵の即効プレゼン術』
学習研究社　'10年3月

82点
知る人ぞ知る「プレゼンの達人」でもある小室氏がレクチャーする、プレゼンのテクニック。当日までに準備すべきこと、リハーサルの重要性、伝わりやすい(にくい)PDFの資料例などをわかりやすく紹介。プレゼン本としては出色の出来である。

File No.16

小山龍介×原尻淳一

RYUSUKE KOYAMA & JUNICHI HARAJIRI

“若ビジネスパーソン”による、同世代のための「こだわりの仕事術」

かつて、ビジネス本というのは松下幸之助や本田宗一郎、あるいは堺屋太一や大前研一など、「大社長」もしくは「経済評論家」が書くものであり、読者も中高年が主であった。そんな中、日本随一のビジネス書の名門である東洋経済新報社から、若いビジネスパーソン向けに出されたのが、本田直之の「レバレッジ」シリーズ（140ページ）と、小山龍介×原尻淳一コンビによる「HACKS!」シリーズである。

米西海岸のギークたちから広まった「ライフハック」(効率よく仕事をこなし、生産性を上げるためのテクニック)に着想を得て、「**現役のサラリーマンが、実際に仕事で使っているこだわりのスキルを伝授する**」というのが同シリーズのコンセプト。第1弾の『IDEA HACKS!』には89の「ハックス」が収録されており、言ってしまえばコネタ集なのだが、**具体的なツールと共に紹介される、すぐにでもマネできそうなアイデア**は、ディテールのない「エライ人の訓話」よりよほど役に立つだろう。松竹（小山氏。現在は独立）&エイベックス（原尻氏）というクリエイティブ系の職場に勤める著者コンビらしく、ほどよい洒落っ気や遊び心を取り入れながらも、語り口は「この問題はこのテクニックによってこのように解決される」……といった具合に極めてロジカル。そのバランスも好ましい。

もっとも、彼らのアイデアは、やり始めたらそれだけで満足してしまいそうな危険性も孕んでいる。小山・原尻氏自身が優秀なビジネスパーソンであることは間違いないが、彼らの手法をコピーしていただけでは、単なる「ビジネスマニア」で終わってしまうだろう。

公式プロフィールより

原尻氏は'72年、埼玉県生まれ。大手広告代理店勤務で入社から一貫して飲料や食品のブランド戦略立案を行う。現在、エイベックス・エンタテインメント・ブランドマネジメント部マーケティンググルーム課長。小山氏は'75年、福岡県生まれ。大手広告代理店勤務を経て、サンダーバード国際経営大学院でMBAを取得。現在は、ブルームコンセプト共同代表、ビジネスプラグイン代表

File No.16 **小山龍介×原尻淳一**

『IDEA HACKS!』
東洋経済新報社　'06年7月

80点
多くのアイデア本は、発想としては面白いのだが、感性主体で書かれているため、実生活に活かしようがないものが多い。その点、小山、原尻両氏の「HACKS!」シリーズは、極めて再現性が高いのが最大の魅力である。中でも東洋経済新報社のシリーズは、ネタの密度、練られ具合などで一つ上を行っている。

『TIME HACKS!』
東洋経済新報社　'06年12月　※小山氏の単著

80点
劇的に生産性を上げる「時間管理」のコツと習慣——というサブタイトルどおりの内容。紹介される89個のTime Hacksはロジカルかつ緻密。「ゼロ年代ビジネスパーソンの時間術」とでも位置づけたい。

『STUDY HACKS!』
東洋経済新報社　'08年2月　※小山氏の単著

85点
勉強マニアによる勉強術の本……と書くと、皮肉のように捉えられてしまうかもしれないが、実体験に裏打ちされた「使える勉強法のコネタ」がこれでもかと詰め込まれている。ツールや環境に凝る受験生の感覚そのままに、社会人になっても「資料を読むのはどんな場所が適しているか」みたいなネタを検証し続けているのは、ある意味、立派。世の中が好景気に沸いていた頃であれば、研究者かよほどの勉強好きしか買わなかったであろうこの手の本がベストセラーになるあたりに、若いビジネスマンの自己成長への意識の高さと将来への不安を感じる。

『READING HACKS!』
東洋経済新報社　'08年10月　※原尻氏の単著

80点 生活の中に読書を組み込むための環境、コンディション作りへの執念が伝わってくる一冊。思索を深めるためにお気に入りの散歩道を見つける——など、コネタと言うよりはライフスタイルそのものを提案。さすが松岡正剛氏のお弟子さんと言うべきか、原尻氏の「知」への渇望は溢れんばかりである。さしずめ「ノーブック、ノーライフ」。インプットだけでなく、アウトプットを常に意識している点も評価したい。

『整理HACKS!』
東洋経済新報社　'09年6月　※小山氏の単著

72点 本をバラして全ページスキャンしてPCのソフトで管理するという手法については、個人的に賛成しかねるが、PCとクラウドコンピューティングとスマートフォンを連動させて、フリー領域を広げていこうという発想自体はゼロ年代ビジネス本著者の真骨頂か。ただし、ダイエットと一緒で、手法だけ真似ても効果を出せなければ意味がないと思うので、読む側の覚悟も要求されるだろう。

『30過ぎたら利息で暮らせ！』
講談社　'09年9月　※原尻氏の単著

50点 要は30歳までにスキルアップしろという話。『夢をかなえるゾウ』が売れた後の、ストーリーものブームにあわよくば乗りたかったと思しき一冊。

File No.17

斎藤一人

HITORI SAITO

ユニークな成功法則で知られる 長者番付のレギュラー

スリムドカンなどの健康食品で知られる「銀座まるかん」の創業者にして、**「高額納税者累積１位」という肩書きでも有名な人物**。《天国言葉》（「ツイてる」「楽しい」「感謝してます」etc.）を一日10回口にすることで幸せが訪れる——など、数々のユニークな成功法則の提唱者であり、ジャンル的には「スピリチュアル系」にカウントされる著者である。

ビジネス・自己啓発の世界ではたいへんな人気者であり、**全国50ヶ所で講演を行っても即座にチケットがソールドアウト**になるという、業界においてはまさにB'z級のスターなのであるが、その本質は、一人氏が提唱する成功法則そのもの以上に、氏の「喋り」によるところが大きい。ビジネス本作家には講演家として生計を立てている人も多く、総じて喋りはうまいのだが、中でも一人氏はダントツだ。ビジネス漫談と言うべきか、**綾小路きみまろが有難い話をしてくれるようなものである**（R−1に出ても、いい線行くのではないだろうか）。したがって、一人氏のエッセンスを味わうには、講演の内容をCDで収録した本がいい。

「スピリチュアル」とは言ったものの、一人氏ほどの実績を持つ人物が実体験を基に編み出した成功法則を、単なるオカルトと片付けるわけにはいくまい。そもそも、一人氏にしても松下幸之助氏にしても、戦後の混乱期を生き抜いてきた世代の実業家は「勉強して頭をよくしよう」みたいな話は一切しない。むしろ「大学に行くと頭が悪くなる」とでも言わんばかりに、多くが小卒か中卒である。**「勉強」や「スキルアップ」などの枠にとらわれない、生き方の深さ**のようなものが彼らの言葉の中には窺えるわけで、それゆえに多くの人間を魅了するのだ。残念なことだが、今後のビジネス界に、彼らのような話ができる人間はもはや出てこないだろう。

公式プロフィールより

「銀座まるかん」（日本漢方研究所）の創設者。'93年以来、毎年、全国高額納税者番付（総合）10位以内にただひとり連続ランクインし、'03年には累計納税額で日本一になる。総合納税金額173億円（'10年現在）。土地売却や株式公開などによる高額納税者が多いなか、納税額はすべて事業所得によるという異色の存在として注目される

File No.17 斎藤一人

『人生が全部うまくいく話』

知的生きかた文庫　'03年12月

90点

日本一の高額納税者が語る、「ツイてる！」を口癖にすると「雪崩のようにいいことがやってくる」という独自の成功理論が詰まった一冊。巻末には９人のお弟子さんによる「素顔の一人さん」が語られる、ファン必読の書。入門編にも最適。７回読むのが大事！とのこと（あとがきより）。『変な人が書いた驚くほどツイてる話』（知的生きかた文庫）と併せて読みたい。

『ツイてる！』

角川oneテーマ21新書　'04年8月

80点

一人氏初の新書書き下ろし。特別講演CDもついており、貴重な生声が聞ける15万部のベストセラー。

『斎藤一人　15分間ハッピーラッキー』

三笠書房　'05年5月　※舛岡はなえ著

75点

一人氏の著作の中には、お弟子さんが一人氏の言葉を聞き書きしたものも多数含まれるが、なかでも一人氏のエッセンスがわかりやすくまとめられているのが本書。「どんなにいい人でも、顔にツヤがないと、なぜか何をやってもうまくいかないし、成功もできない」という「つやこの法則」などが紹介されている。

『二千年たってもいい話』

イースト・プレス　'09年8月

82点

'09年に行われた、全国50ヶ所講演会の最終日の模様を記録したものであり、一人氏の語りの妙が堪能できる。ビジネス本の実績に乏しい版元だが、意外におすすめの一冊。必読の鉄板ネタ「もしもし地獄」も収録。

『微差力』

サンマーク出版　'09年11月

80点

あえて、「一人本」のお約束であるCDをつけずにハードカバーで出した意欲作。最近では貴重な書き下ろし本であり、中身は濃い。「幸せも富も、こんな少しの努力で手に入るんだ！」というメッセージが、一人さん節で語られる。同じラーメンを売っていても、お店の掃除を行き届いたものにしたり、挨拶をよくしたりなどの「微差」で、売り上げには差がつく……など有難い話が満載。

File No.18

佐藤富雄

TOMIO SATO

ツキや運を脳科学ベースで説明する、「口ぐせ博士」

口ぐせで運が良くなる——というのが持論の、通称「口ぐせ博士」。コンセプトは前出の斎藤一人氏（82ページ）と似ているが、一人氏の言葉が持つ体感的な説得力以上に、論理的な解説を求めたい人向き。いわく、脳には扁桃体と呼ばれる、人類が人類に進化する以前から存在する分野があり、そこが物事の「快」「不快」を判断している。「快」だとヤル気が出て、「不快」はその逆。では、同じことをやっていても、どうすれば「快」と判断できるようになるのか——その方法論として「口ぐせ」（アファメーション）を推奨しているわけだ。その他、「未来新聞」によるビジュアライゼーション（目標を新聞記事の体裁で視覚化し、成功のイメージを明確にする）などのメソッドも特徴的。

佐藤氏と同じグループに属する著者に、西田文郎氏（『ツキの大原則』／知的生きかた文庫）、佐藤伝氏（『幸せを引き寄せるお金の習慣』／中経出版）らがいる。西田氏は、北京五輪の日本女子ソフトボールチームにメンタルトレーニングを指導したということで有名になった人物。これらの著者に共通するのは、**「ツキ」や「運」を脳科学ベースで説明する**という作風であり、用いられているロジックもほぼ同じだ。ただし、いずれも「正式な脳研究者ではない」という点は留意しておくべきだろう。その意味では「半スピリチュアル」とでも呼ぶべき著者グループかもしれないが、**最近の脳科学者が書いた本より説得力があることも少なくない**。それこそスポーツなどの分野では、彼らが提唱するようなメソッドを素直に信じられる選手が、急に結果を伸ばしたりするケースもままあるので、頭の柔軟な読者にはおすすめできる。

公式プロフィールより

作家、生き方健康学者。医学博士。農学博士。心と体の制御関係について研究をすすめ、科学から捉えた人生100年時代の生き方論を提唱。特に、大脳・自律神経系と人間の行動・言葉の関連性から導き出した「口ぐせ理論」が話題を呼ぶ。全国各地で講演も多く、「口ぐせ理論実践塾」のセミナーは絶大な人気を誇っている

File No.18 **佐藤富雄**

『愛されてお金持ちになる魔法の言葉』

全日出版　'04年5月　※三笠書房より'06年に文庫化

74点

口ぐせ（アファメーション）や散歩の効能など、佐藤氏が提唱する自己啓発の理論がひと通り登場。「魔法の言葉」なる空想的なタイトルとは裏腹に、科学的にも相応に納得のいく説明が（しかもわかりやすく）なされており、エビデンスとして挙げられている研究結果もしっかりしている。『家庭の医学』的に家に置いておきたい一冊。続編『愛されてお金持ちになる魔法のカラダ』は女性におすすめ。

『魔法の快眠術』

東洋経済新報社　'05年9月

80点

またしても「魔法の〜」であるが、東洋経済らしく実にしっかり作り込まれた一冊。単なる「早起きするための本」ではなく、心身を健康に保つための、脳と睡眠に関するトピックが、それこそミッシー的に網羅されている。大脳生理学に基づいた解説も、他の脳本に比べても親切であり、おすすめできる。

『佐藤富雄の「ツキ」の法則！』

知的生きかた文庫　'05年10月

66点

口ぐせ理論をもう少し詳しく知りたい人に。

『富豪塾―「未来ストーリー」で最高の人生を手に入れる!』
大和出版　'07年12月

60点

成功のイメージを明確にするために「未来新聞」を発行しよう。お金持ちになりたい人は、クルーザーに乗っている自分の姿を写真でコラージュして一面に掲載。そういう作業をワクワクと行うことで、夢が実現できる——と説く。「超人新聞」と題した、佐藤氏自身の未来新聞もなかなかカブいておりエンタメ性は高いが、いかんせん一ネタ押しなので、成功法則を語った本としては他の著作の方がお得。

『感謝ノートで夢は叶う!』
朝日新聞出版　'09年12月

72点

「感謝したいこと」を20個ノートに書き出すことで、感情が耕され、脳が「快」状態になる——などのメソッド集。半スピを敬遠している人でも思わず試してみたくなるような、敷居の低さが佐藤氏の身上である。個人的に、試してみるだけの価値はあると思われる。

NO IMAGE

File No.19

橘 玲

AKIRA TACHIBANA

天才的な思考実験により
ラディカルな金儲け法を提唱

　経済小説家としても活躍する橘氏は、資産形成の指南書をはじめとする“実用書”を数多く著している。特徴的なのは「**法律や制度に生じているギャップをうまく利用した人だけがトクをする**」という視点。PT（永遠の旅行者）になれば租税回避できるとか、サラリーマンがマイクロ法人を設立して勤務先と業務委託契約をすれば税制上こんなにトクだとかいう話が、一般読者にとってどの程度“実用的”なのかは疑問だが、**専門家も舌を巻くほどのリサーチ力で「理論上可能」な選択肢を掘り起こし、それを圧倒的な文章力で面白く読ませる**という作風こそが、橘氏の“芸”なのである。

　というわけで、「普通に本としてすごく面白いので読むといいよ」というのが一つの結論なのだが、実用面でも、株式投資に対する考え方などは、初心者にとって大いに参考になるだろう。「株式投資はギャンブルと同じ」ということを言い切ったのは橘氏が最初だし、最も効率的な投資法として「世界市場ポートフォリオ」に投資するというアイデアを提案したのも橘氏である。’00年代初め、日本では、ロバート・キヨサキ氏の『金持ち父さん貧乏父さん』、橘氏の『お金持ちになれる黄金の羽根の拾い方』、本田健氏の『ユダヤ人大富豪の教え』(136ページ) の3冊が相次いで出版され、ファイナンシャル・リテラシーブームを巻き起こした。つまり、「ファイナンシャル・インディペンデンス」という概念を紹介した最初のグループである。これらの本を読み、**国からも会社からも経済的に自立して、最終的には組織から離れて自由になろう**——というメッセージを受け取った人々が、現在起業したり、フリーランスで儲けたりしているわけだ。橘氏の著作は、厳密には「ビジネス本」ではないが、そのマインドは、以後に出版されたあらゆるビジネス本に受け継がれている。

公式プロフィールより

’59年生まれ。作家。早稲田大学卒業。’02年、金融情報小説『マネーロンダリング』でデビュー。同年、「新世紀の資本論」と評された『お金持ちになれる黄金の羽根の拾い方』がベストセラーに。’06年、『永遠の旅行者』が第十九回山本周五郎賞候補作となる。「海外投資を楽しむ会（AIC）」の創設メンバーでもある

File No.19 **橘 玲**

『マネーロンダリング』

幻冬舎 '02年4月 ※'03年に文庫化

80点

金融作家・橘玲、衝撃のデビュー作。オフショアファンドを利用したマネーロンダリングの手法を書いている。今となってはよく知られるようになった内容だが、当時としては驚天動地の内容だった。書かれている手口があまりにも巧妙で、後に国税から「これを書いたヤツは何者だ」と版元に問い合わせが来たという、いわくつきの作品。橘氏によると、知人から聞いた話に創作を組み合わせたものだというが、その発想の荒唐無稽さはすでにして突出していた。

『お金持ちになれる黄金の羽根の拾い方』

幻冬舎 '02年11月

94点

日本人のマネーの常識を覆した一冊。「国内株を長期保有していれば儲かるというのはウソ」など、従来の金融評論家の言説がいかにアテにならないかを、ぐうの音も出ないほど完璧に論証。さらに、世の中のすべての金儲け理論が説明できるという「黄金の方程式」、すなわち「資産形成＝（収入－支出）＋（資産×運用利回り）」が初めて登場したのも本書である。

『永遠の旅行者』

幻冬舎 '05年7月 ※'08年に文庫化

78点

実際にPT（永遠の旅行者）＝税金を払わないために諸国漫遊している人というのは一部のジェット族の話であり、一般人にとっては空想の産物に等しいのだが、小説という形式にはハマっている。

『臆病者のための株入門』

文春新書　'06年4月

84点

「株式投資はギャンブルである」「デイトレはライフスタイル」と断言し、株式投資の本質をどの本よりもわかりやすく解説。最終的には「理論上もっとも正しい投資法」を説く。投資初心者から中級者向き。

『亜玖夢博士の経済入門』

文藝春秋　'07年11月

92点

橘氏の著作は、本質的には思考実験であり、その荒唐無稽さが存分に発揮されているのが本書である。歌舞伎町で人生相談を請け負う亜玖夢博士は、徹底的に合理的な経済的思考を持った人物。相談者は、「ゲーム理論」や「行動経済学」などに基づいた合理的すぎる解決策を示されるのだが、その極端さがフィクションに合っている。難解な経済理論の本を読むより、事の本質がよくわかる。

『黄金の扉を開ける賢者の海外投資術』

ダイヤモンド社　'08年3月

85点

第１章「究極の投資vs至高の投資」では、『美味しんぼ』の山岡士郎と海原雄山が、究極の投資と至高の投資で争うことに。合理的に考えて、国内で働いている人は海外で投資をするのが一番正しい投資法である——というのが橘氏の結論だ。金持ち＝雄山の、プライベートバンクに資産を預ける「至高の投資」に対して、ビンボー人の士郎はどうすれば勝つことができるのか。その他、FX、ヘッジファンド、タックスヘイヴンなど最新の金融事情を紹介しつつ、橘氏らしい軽やかな筆が走った傑作。

File No.19 橘 玲

『黄金の扉を開ける賢者の海外投資術
至高の銀行・証券会社編』『同・究極の資産運用編』

ダイヤモンド社　'08年7月　※「海外投資を楽しむ会」との共著

80点

『黄金の扉を開ける賢者の海外投資術』に書かれている投資法を実践するにはどうすればよいかを解説した、「金」と「銀」のカバーの２冊。金＝究極編では海外ファンドについて、銀＝至高編では海外銀行・証券会社のアカウントの開き方についてレクチャー。

『貧乏はお金持ち』

講談社　'09年6月

84点

サブプライムショック後の格差社会の中で、会社に左右されない人生設計を橘流に説いた一冊。第４章「磯野家の節税」では、『サザエさん』のマスオさんを主人公に、ストーリー仕立てで「サラリーマンが税法上トクする方法」を考察。理論上はアリなのだろうが、実際に行動に移せるかどうかはやや疑問。

Column 3

ビジネス本を「売る努力」

ビジネス本の世界において特徴的なのは、書店営業など「売る努力」の凄さである。現在、ビジネス本にかかわっている人々は、書店マーケティングに対して極めて高い意識を持っていると言っていいだろう。かつて、大手某社のビジネス本編集者が「私は本が売れようが売れまいが関係ない」と豪語したそうだが（要は「いい本を作るまでが仕事」と言いたかったらしい）、今や「いい本でも売れなければ意味がない」は業界の共通認識だ。

そんな中、営業部員が書店回りをするのは当たり前として、編集者や作家までもが都内大型書店や地方の有力店をマークし、サイン会を開いたり、地方で講演会があったついでに挨拶に訪れたりしている。もっとも、書店のスタッフは常時忙しいので、誰が行っても歓迎されるわけではない。最近は大人数で押しかけてくる著者もいて、書店側が閉口しているという話もある。逆に、営業慣れしていない文芸の作家が、「私の本置いてますか？」と暗い顔で現れたりするのも書店員にとっては困りものだろうが……。いずれにせよ、ビジネス本の著者は営業にたいへん積極的だ。名刺は必携。自作のポップ持参は当たり前で、某ミリオンセラー作家に至っては、自分で作った帯を巻いて帰ったという伝説もある。この行動力には、他ジャンルの作家や編集者も見習うべき点があるのではないだろうか。（101ページに続く）

File No.20

苫米地英人

HIDETO TOMABECHI

経歴も肩書も著作の内容も
あらゆる意味でもっとも“突き抜けた”著者

公安の依頼で元オウム信者の脱洗脳を手がけたとか、ロックフェラーセンターの買収に立ち会ったとか、イスラエルの秘密諜報機関と繋がっているとか、本人に関する話題だけで字数が尽きてしまいそうな苫米地氏であるが、その著作もあらゆる意味で“突き抜けて”いる。

まず、**3週間に1冊ペースで新刊が繰り出される“量産力”**がスゴイ。その割に、一冊一冊のテーマが一応分かれている（完全にかぶってはいない）のも注目に値する。これは、各社編集者の尋常ならぬ職人魂の賜物。出てくるネタは基本的に同じなのだが、それに各社が（許される限り目いっぱい）独自の解釈を加えて展開しているのだ。

例えば、苫米地本に必ず登場するフレーズに「抽象度を上げる」というものがある。サッカーに喩えると、二流の選手はボールを追いかけてばかりいるが、一流の選手は高い位置から眺めるように試合全体を見渡すことができる。後者は「抽象度が高い」状態にあるというわけだ。この概念を、自己啓発本の雄である三笠書房に語らせると「成功者になるために、脳のトレーニングで抽象度を上げていこう」となり、国際陰謀論の類がお得意な徳間書店の手にかかると「抽象度が高い人は、ITバブルもリーマンショックも予見できた」(『とてつもない未来を引き寄せる予見力』)となる。一応「脳本」というジャンルにカウントされるものの、苫米地本に真面目なサムシングを求めるのは間違っている。**センスオブワンダーを味わえるエンターテインメント読み物として楽しむのが正解だ。**

なお、'10年に入ってから刊行された何冊かの著作は、苫米地氏がまた新たなステージに入ったことを窺わせる。詳しくは作品評中で後述するが、今もっとも目が離せない作家の一人であることは間違いない。

公式プロフィールより

'59年、東京都生まれ。脳機能学者、計算言語学者、認知心理学者、分析哲学者。ドクター苫米地ワークス代表、コグニティブリサーチラボCEO、全日本気功師会副校長兼名誉校長、中国南開大学客座教授、米国公益法人The Better World Foundation日本代表、米国教育機関TPIインターナショナル日本代表、天台宗ハワイ別院国際部長、日本催眠術協会理事、チベット仏教カギュー派傳法大阿闍梨

File No.20 苫米地英人

『洗脳原論』

春秋社　'00年2月

90点

苫米地氏がまだ、「オウム信者の脱洗脳を手掛けた脳機能学者」として認識されていた頃の専門書。ビジネスマン必読の書と言われる社会心理学の名著、ロバート・チャルディーニの『影響力の武器』とアプローチは似ている。なぜ人は洗脳されてしまうのか、なぜ言葉や感覚への介入によって内面まで書き換えられてしまうのか――といった、神経言語プログラミングの原理を知っておきたい人には有用である。

『夢をかなえる洗脳力』

アスコム　'07年3月

70点

苫米地本量産体制の嚆矢となった一冊。学術的な記述やテクニカルな記述は鳴りを潜め、《時間は「未来」から「過去」へと流れている》《止観》《抽象度を上げる》といった、苫米地氏の「思想」が全面に押し出されている。もっとも、ぶっ飛んだ人の発想というのは、ときに少なからぬ“気づき”を与えてくれるもの。岡本太郎の本を読むように味わえばよいのではないだろうか。

『頭の回転が50倍速くなる脳の作り方』

フォレスト出版　'07年6月

65点

脳機能学者が書いた「頭がよくなる本」という、やや反則的な一冊。言語学者チョムスキーの仮説に基づいた「英語脳の作り方」など、後続の本にも登場する理論が多数詰め込まれている。苫米地理論についていけない初心者を想定してか、巻末に基礎的な用語の解説も収録されており、苫米地本のサブテキストとしてもおすすめ。

『英語は逆から学べ！』

フォレスト出版　'08年3月

60点

脳科学の見地から英語学習法を説いた一冊。脳内に「英語脳」を形成することで、テレビのチャンネルを替えるように日本語から英語へと使用言語を切り替えることができるようになるという。そのメソッドは、英語のDVDドラマを観まくるというシンプルなもの。

『自伝　ドクター苫米地　脳の履歴書』

主婦と生活社　'08年9月

75点

一体こんなに本を出しまくっている苫米地英人という人物は何者なんだ？……という国民的疑問に答える「自伝本」。まぁ、スゴイ経歴の持ち主であるということはわかるし、読み物としても面白い。オウム信者の脱洗脳のエピソードにはあまり触れられていないのが物足りないところ。

『脳を味方につける生き方』

三笠書房　'09年7月

75点

三笠書房らしい、自己啓発的な一冊。「ドーパミン」や「プライミング効果」がどのように人のモチベーションに関係してくるのか……など、脳のメカニズムから成功法則を導き出していく構成は、茂木健一郎氏（150ページ）の著作にも通じるものがあるが、具体性と論理性の点で、苫米地本の方が数段上。かつ面白い。

File No.20 苫米地英人

『苫米地英人、宇宙を語る』

角川春樹事務所　'09年12月

85点

「宇宙とは人間の脳がつくりだしたものである」と、宇宙の存在の謎を「解き明かした」一冊。『ホーキング、宇宙を語る』（ハヤカワノンフィクション文庫）に対して「残念ながら、宇宙というものの解明に、明確な答えをホーキングが導き出すことはなかったのです」とダメ出しし、宇宙はなぜ存在するのか？創造主は誰なのか？という究極の問題に、「その答えを示していこうと思います」と堂々の宣言。本作を「評価」するには理論物理学の専門家でないと厳しいかもしれないが、とにかくエンターテインメントにしてもすごいところまで来てしまったな……という印象。この内容を、気軽に1300円のソフトカバーで出してしまっていいのだろうか。

『フリー経済学入門』

フォレスト出版　'10年3月

85点

フリー経済について、なぜか苫米地氏が語った本。フリー経済を広めているのはFRBである……という国際陰謀論を手始めに、苫米地氏ならではの博覧強記ぶりが炸裂。大ヒットした『FREE』（日本放送出版協会）で描かれた現象の裏にどんな意味があり、その中で我々はどう生きるべきか……という点にまで踏み込んでいる。無論、エビデンスがないのでジャーナリズムとしては成立していないが、エンタメとしては一時期の落合信彦を超えた感がある。国民はもっと苫米地氏に注目した方がいい。

Column 4

出版セミナーと作家デビュー

　現在、ビジネス本ブームとあいまって出版セミナーが花盛りであるが、玉石混交感たっぷりな状況である。主催者自身の出版実績が乏しかったり、セミナーから出版に至った実績がなかったりするケースも多い。そんな中、出版事例が多いセミナーの主催者としては、エリエス・ブック・コンサルティングと、アップルシード・エージェンシーの２社が挙げられるだろう。老舗のエリエス社は、各出版社との太いパイプと、老舗ゆえの信頼度から優秀な受講生を多く集めている。代表の土井英司氏が発行している書評メーリングリスト『ビジネスブックマラソン』の影響力も強い。一方のアップルシード社は、「作家エージェント」を手掛ける日本でも珍しい会社であり、常に作家の側に立ち、作品作りからプロモーション、ギャラの交渉まで担当している。

　作家発掘における両社のアプローチは対象的であり、エリエス社は「日本で唯一のカウボーイ税理士」や「図解化コンサルタント」など、ユニークな肩書で作家を売り込むのが得意。片や、アップルシード社は、代表の鬼塚忠氏の“右脳的感性”により、経歴的には地味めの作家を天才的なプロデュース能力により売れっ子に育てている。その「逆張りの手法」については奥野宣之氏の項目で詳しく触れた。なお、本書に登場する和田裕美氏や金森重樹氏も、アップルシード社の所属である。（145ページに続く）

File No.21

内藤 忍

SHINOBU NAITO

サラリーマン御用達
「資産設計のカリスマ」

山崎元、森永卓郎、木村剛らに続く「東大経済学部出身のマネー論者」であり、マネックス・ユニバーシティの社長という立場から、**「理論上正しい投資法」を「素人にもわかりやすく」説明する**のを得意としている。「サラリーマン著者」という枠では抜きん出た存在であり、会社に隠れてコソコソと活動したり、あるいは執筆活動に専念するために会社を辞めてしまったりする作家が多い中、**９時５時できちんと働きながら、会社の知名度アップと自身のブランディングの両方に成功している**のは、お見事と言う他ない。

内藤氏が提唱する「インデックスファンドを、長期投資を前提にアセットアロケーション（資産配分）し、年に1回配分を見直すだけ」という、ほったらかしの投資法は、リターンの面で個人的には不満を感じるが、時間のないサラリーマンにとっては理に適っているのだろう。**本気で金儲けを狙うのではなく、仕事やプライベートを充実させる傍らで、将来に備えてコツコツと資産を増やしていく**——そんな地道な投資スタイルは、本業の傍ら、平日は毎日15分ずつコツコツと著作の執筆を行っている（らしい）内藤氏自身の姿にも重なるようだ。

ちなみに、「理論上正しい投資法」が本当に有効なのかという点については、さまざまな議論がある。長期的に見れば株価は必ず上がるというが、'00年代初頭に日本株のインデックスを買った人の大半はリーマンショックで大損をこいて、いまだに元本回復の目処もつかないわけで……。だが、そんな“雑音”などどこふく風、10冊以上もの投資の本を出し続けながら、**内藤氏の主張は１ミリたりともブレていない**。そのあたりは、さすが東大出身者と言うべきか、事務官僚的な揺るぎなさを感じさせる。マネックス・ユニバーシティ社長という立場ゆえのポジショントークではないかと勘ぐる読者もいるかもしれないが、その心配はまったく無用だ。

公式プロフィールより

'64年生まれ。マネックス・ユニバーシティ代表取締役社長。東京大学経済学部卒、MITスローン・スクール・オブ・マネジメント卒（MBA）。信託銀行、外資系投資顧問会社、マネックス証券などを経て現職。雑誌での連載や、テレビ、ラジオのコメンテーターとしても活躍。また早稲田大学オープンカレッジ、丸の内朝大学などのマネーセミナーや講演活動も行う

File No.21 **内藤 忍**

『内藤忍の資産設計塾』

自由国民社　'05年1月　※'08年に「新版」刊行

89点

'05年に刊行されたオリジナル版は、内藤氏の出世作となった。サラリーマン向けの資産運用本としては、おすすめできる一冊である。もっとも、骨子となっている理論は、木村剛氏のマスターピース『投資戦略の発想法』ですでに語られているもの。そこに実践面での情報を盛り込んで、よくできた「応用編」に仕立て上げている。このあたりの手腕に、内藤氏の“秀才”ぶりが遺憾なく発揮されていると言えよう。なお、以下の著作（投資に関するもの）はすべて、基本的にこの本と同じ内容である。ただ、対象読者がたいへん細かく区分されている。

『内藤忍の資産設計手帳のすすめ』

ダイヤモンド社　'07年11月

75点

内藤氏が提唱する、アセットアロケーションしてリバランスするという投資の手法を、エクセルのシートとリフィル式の手帳で管理する方法を解説する、かなりよくできた手帳本。「人生で大事なものは、愛と自由とサムマネー」というメッセージは個人的には好きである。

『内藤忍の「好き」を極める仕事術』

講談社　'08年11月

62点

「お金」から離れて、「仕事術」に進出しようとした意欲作。「ホントの『好き』を見つける方法は、自分の口グセに目を向けること」みたいな話は、さほど目新しいとも思えないが、等身大のスタンスには好感が持てる。

『初心者は株を買うな！』

日経プレミアシリーズ　'09年6月

72点　いつもの内藤節。これから投資を始めようかなと考えているサラリーマン向け。『資産設計塾』は分厚くて読む気がしないという方はこちらをどうぞ。

『内藤忍式 10万円から始める「お金の育て方」講座』

イースト・プレス　'09年9月

55点　いつもの内藤節……をド素人向けに図解したもの。私のような飽きっぽい人間からすると、よくもまぁ毎回同じことが書けるものだと感心する他ない。内藤氏の揺るぎない投資哲学が窺える一冊。

『60歳までに1億円つくる術』

幻冬舎新書　'09年11月

70点　いつもの内藤節。老後がちょっと不安になっている人向け。「今の自由を手に入れるために投資を始めよう」などと、ライフスタイルに言及し始めたあたりは、橘玲を意識しているものと思われる。もっとも、橘氏が『お金持ちになれる黄金の羽根の拾い方』で発表した「黄金の方程式」を、出典もなしに引用するのはいかがなものか。

『預金じゃイヤだけど投資はコワい ボクの“負けない”人生戦略』

光文社　'09年11月

25点　またもやいつもの内藤節。一応小説仕立て。「貯蓄から投資へ」なんて言われるけど、実際のところどうなの?と不安になっている若者向け。

File No.22

中島孝志

TAKASHI NAKAJIMA

今こそ若者に読ませたい
「企業戦士の仕事術」の語り手

ビジネス本が、女子供のための本ではなく、「サラリーマン」が読むものだった時代のマインドを受け継ぐ、正統派の書き手。著訳書のラインナップが180冊を超える……と聞くと、中谷彰宏氏の量産体制を想像してしまうが、どっこい、**その内容の濃さはケタ違いである。**

基本的に中島氏が説くのは、仕事と人生、あるいは会社と人生が分かちがたく結びついていた時代の、企業戦士たちにとっての仕事術である。社内の濃密な人間関係を重んじ、組織のルールに従いながら上を目指す。休日仕事も当たり前。このようなスタンスを、ウザいとか暑苦しいとか感じる人もいるだろう。だが、**中島氏の著作を読んだ後では、当世のビジネス本が、どうしようもなく「甘く」感じられる**のも事実である。いざというとき会社は何もしてくれないのだから、身を守るためには自分で勉強するしかない——という主張は確かに正しいのだろう。だが、そのために社外活動に過剰な熱心さを発揮するような風潮に対しては、「それ以前に、ちゃんと会社で仕事すれば？」とツッコまずにはおれない。最近の「若ビジネスパーソン」向けのビジネス本には、ある意味、若者の甘さに迎合するような部分が多々見受けられるわけだが、一方の中島氏は、そのような逃げ場を一切許さない。

中島氏の著作では、昨今のビジネス本のトレンドである「お洒落な装丁」や「さらっと読める構成」などにもあまり関心は払われておらず、それゆえに若いビジネスパーソンは手に取りづらいかもしれない。だが、**サラリーマンとして、できれば定年まで会社に留まりたいという意思があるのであれば、目を通しておいて損はない著者である**。いくらメディアが「終身雇用制の崩壊」などと煽っても、多くの日本人はサラリーマンとして一生を終えるのだから。

公式プロフィールより

東京都生まれ。早稲田大学政経学部卒業、南カリフォルニア大学大学院修了。PHP研究所、東洋経済新報社を経て独立。会社経営のかたわら、ジャーナリスト、経営コンサルタント、出版・映画プロデューサー、大学・ビジネススクール講師など多彩な顔を持つ。ビジネスマンの勉強会「キーマンネットワーク」などを主宰。著訳書は180冊を超える

File No.22 中島孝志

『朝4時起きの仕事術
—誰も知らない「朝いちばん」活用法』
プレジデント社　'03年11月　※マガジンハウスより'09年に復刊

85点

最近流行の「早起き本」の源流ともいえる一冊。今どきのビジネス書は「一冊ワンテーマ」が主流で、「早起き本」と銘打ったものは、「早起きの方法＋早起きの効用」程度の内容が多いのだが、本書には中島氏の実体験や統計データがふんだんに詰め込まれている。「早起き」してからの仕事術、読書術、勉強術、人脈術と話題も多岐にわたる、贅沢な内容である。

『サラリーマンよ「2つの財布」を持ちなさい！』
青春出版社　'04年3月　※マガジンハウスより'09年に復刊

80点

「2つの財布」とは、すなわち副業をせよということ。週末起業とか収入複線化とか、「仕組み」作りとかサラリーマンの著者デビューとか、その手のあらゆるネタが詰まっている。復刻版だが、今なお十二分に通用する内容。「財テクならぬ才テクせよ」というオヤジギャグはご愛嬌か。社内の人間関係から派生した「コネ」を重視しているあたりもこの著者らしい。

『さっさとやれば、何でもかなう！』
東洋経済新報社　'05年4月

83点

時間術、手帳術、営業法に思考術……。仕事の効率をアップさせるあらゆる方法が網羅された贅沢な一冊。てんこ盛り感たっぷりな中島氏らしい作風である。

『仕事の80%は月曜日に終わらせる!』
プレジデント社 '07年4月

82点

このタイトルでタイトル倒れになっていないところが凄い。ビジネスマンにとっての月曜日の意義に始まり、「月曜日にしか出来ないこと」「月曜日だからこそやるべきこと」について、ロジカルだが饒舌な中島節が炸裂する。

『35歳からの仕事の教科書』
メトロポリタンプレス '10年4月

85点

35歳からのブランディング、マネジメント、人脈術、時間術などを説いた本。メガバンクの若手行員3000人向けに行われた講義がベースになっている。例えば「リーダーが部下に『お茶を入れてくれ』と言えない」ことがなぜダメか?という問いに対して、中島氏は明快にこう答える。すなわち、労働生産性が高いはずのリーダーが、時給1000円のアシスタントと同じ仕事をしていたら、会社に損失を与えてしまうでしょ、と。そういう思考を身につけずに、なぁなぁで過ごして管理職になった30～40代が、今きちんとしたリーダーシップを発揮できずに若者に悪影響を与えている……ということを考えるにつけても、時節を得た一冊と言えよう。

File No.23

中谷彰宏

AKIHIRO NAKATANI

日本一の多作家にして、
20年近く現役を続行中のスーパーマン

『面接の達人』が就活学生のバイブルとなった'91年以降、「月刊・中谷彰宏」的なペースでの著作刊行を20年近く続けている超人。**もはや「中谷本」は一つの立派な媒体だ。**

そんな中谷氏の著作は、モテ指南本や自己啓発本の印象が強いが、ビジネス本に分類されるものも結構な数に上る(母数が多いので当たり前だが)。内容は「お仕事エッセイ」とでも呼ぶべきもので、もっともらしい喩え話を用いた小咄が得意。例えばこんな具合である。――とあるイベント会場で、クローク係の若造が途方に暮れていた。ハンガーをかけるスペースが満杯になってしまったのだ。さてどうする……？　と、ここで中谷先生が種明かし。ハンガーが余っているということは、それがもともとかかっていたラックがどこかにあるはずだ。あなたも、「ハンガーラックの存在」に気づける人間にならなくてはならない……云々。いかがだろう？　ふむふむナルホドと頷きつつ、５分もすれば、さっきまで何を読んでいたのか忘れてしまう――中谷氏の著作を読むという体験は、基本的にこの無限ループである。口はばったいようだが、筆者にとってビジネス本を読むのはライフワークであり特技でもあり、１回通読すればどのくだりに何が書かれているか、大体のところを記憶する自信もある。だが、そのスキルは中谷氏の著作を前に脆くも崩れ去った。**読後に、驚くほど何も残らないのだ**。これはもう、ケムに巻かれたようだと言うほかないのだが、かくも膨大な数の「中谷本」が世に存在する理由は、まさにそのあたりにあるのではなかろうか。一冊ごとに脳内メモリを消去することで、ファンはいつでも新鮮な気持ちで中谷氏の著作を味わえるのである、きっと。

ちなみに、筆者は「ビジネス本を書きたい」という人々に向けたセミナーを定期的に開催しているのだが、たまに参加者の中に「中谷彰宏さんみたいになりたい」と真顔で言う人がいて驚愕させられる。「適当に書き散らしてラクに稼げていいなあ」という浅薄な勘違いなどではなく、心底憧れているようなのだ。**「中谷彰宏、いまだ現役なり」**との思いを新たにした次第である。

公式プロフィールより

'59年、大阪府生まれ。早稲田大学第一文学部演劇科卒業。博報堂に入社し、CMプランナーとして、テレビ、ラジオCMの企画・演出をする。'91年に独立し、中谷彰宏事務所を設立。ビジネス書から人生論・恋愛論、小説まで、多岐にわたるジャンルで、数多くのロングセラー、ベストセラーを送り出す。「中谷塾」を主宰し、全国で、講演・ワークショップ活動を行う

File No.23 **中谷彰宏**

『お金持ちは、お札の向きがそろっている。』
PHP研究所　'07年11月　※'09年に文庫化

50点 中谷氏のお金に対する哲学——というか個人的な意見を述べた一冊。

『なぜあの人は人前で話すのがうまいのか』
ダイヤモンド社　'07年12月

63点 最初に自己紹介することになっても、「私からですか」と言ってはいけない——という冒頭の例はケースバイケースだと思うが、第４章「なぜあの人は大勢の前で話すのがうまいのか」で語られるさまざまなテクニックについては、実用性が高いと感じた。

『なぜあのリーダーに人はついていくのか』
ダイヤモンド社　'08年6月

63点 部下に慕われるリーダーの資質が語られる。基本的にはいいことを言っている。

『なぜあの人は整理がうまいのか』
ダイヤモンド社　'09年7月

63点 片づけのできない人が、いかに多くのチャンスを逃しているか——というメッセージ。

『なぜあの人は仕事ができるのか』
ダイヤモンド社　'10年3月

63点 やはりいいことが書かれているし、発見がないわけでもない。ただ、'80年代のマスコミ全盛期に完成された中谷氏の文体（一文ごとに改行、ですます調）は、ファンにとっては安定感があるのだろうが、今の時代にはどうしても古く感じられる。最近の文章術としては、もう少し本音語りというか、ザラザラとした手触りのようなものが求められているのではないか。そういう中谷本も読んでみたい。

NO IMAGE

File No.24

野口嘉則

YOSHINORI NOGUCHI

『鏡の法則』のミリオンヒットで
ビジネス本界を盛り上げた功労者

ビジネス本に詳しくない人でも、『鏡の法則』くらいは知っているだろう。'06年の各種ベストセラーランキングに入り、**「ビジネス書のミリオンセラー」の嚆矢となった一冊だ**。感動のストーリー形式で書かれている『鏡の法則』は、後にブレイクする「泣けるビジネス本」の最初の例であるが、単なる「深イイ話」ではなく、心理学の論理で対人関係の問題を解決しているのがポイントだ。野口氏自身も心理コンサルタントである。

なお、ミリオンセラーを出した作家は、『夢を叶えるゾウ』の水野敬也氏しかり、『さおだけ屋』の山田真哉氏しかり、**その後寡作化する傾向がある**のが興味深いところだ。勢い慎重にならざるを得ないのだろうが、野口氏もご他分に漏れず、『鏡の法則』以降は２冊の本を出したのみ。いずれもパッとしないのが残念なところである。

公式プロフィールより

「幸せ」と「人生学」の専門家。ミリオンセラー作家。高校時代は対人恐怖症に悩むが、大学入学後、心理学や成功法則さらに東洋哲学の研究と実践によって対人恐怖症を克服。その後、リクルートへの入社を経て、メンタルマネジメントの講師として独立。延べ3万人以上に講演する。'03年にコーチングのプロとしての活動を始め、EQコーチングの第一人者となる

『幸せ成功力を日増しに高めるEQノート』
日本実業出版社　'06年1月

72点　ブレイクの書『鏡の法則』のベースとなった、ロバート・エリスの「ABC療法」を解説。理論を知りたい人に。

『鏡の法則　人生のどんな問題も解決する魔法のルール』
総合法令出版　'06年5月

90点　出版してくれる版元がなく、仕方なくブログで発表していた話が評判になり、改めて書籍にしてみたらミリオンセラーになったという奇跡の一冊。対人関係がうまく行かない場合、人はその原因を相手に求めがちだが、実は原因は自分自身にあり、自分を変えることで相手も変わるというメカニズム（＝鏡の法則）を、感動のストーリー仕立てで説明する。

『3つの真実
人生を変える“愛と幸せと豊かさの秘密”』
ビジネス社　'08年5月

52点　前作のヒットを受け、こんどはストーリー仕立てで神田昌典氏の『成功者の告白』的なことをやろうとしたもの。残念ながらお話がイマイチうまくできていない。

『心眼力――柔らかく燃えて生きる30の智恵』
サンマーク出版　'08年11月

58点　ストーリーものを諦め、サンマークお得意の「訓話」に挑戦。校長先生の朝礼の話みたいなものだが、なぜそれをわざわざ野口氏に聞かされなければならないのか、釈然としないものが残る。

File No.25

日垣 隆

TAKASHI HIGAKI

ヌルい本が横行するビジネス本界に楔を打ち込む「本作りのプロ」

ノンフィクション作家として、一貫して高い評価を得ていた日垣氏が、近年ビジネス本のジャンルへとフィールドを移し、なおかつ“量産”に近い態勢に入っていることに対して、“変節”だの“迎合”だのと陰口をたたく人もいるのだろう。**だが、筆者はこれを、日垣氏の“進化”と見ている**。商売になりにくいルポの世界から、ビジネス本の世界に入るというのは、生物が海から陸に上がるかのように自然な流れではないのかと。

ビジネス本界における日垣氏のコアコンピタンスは「文章が書ける」という点にあるはずなのだが、にもかかわらず、日垣氏は自ら筆を取っていない（と、一部の著作には明記されている）。構成は自分でやるが、執筆するのはアンカーである。これは、**今までのキャリアで培った本の作り方で、すでにフォーマットとして成立している**のだという自信の表れとも取れる。矜持と言うと大げさかもしれないが、言わば、確信犯的な手抜きだ。とはいえ、昨今のビジネス本界で横行している「文章が書けない作家が適当に喋ったレジュメを、編集者が適当に膨らませて本にする」といった手法とは、おのずと次元が違う。そして実際、**日**

垣氏の著作は、大方のビジネス本よりはよほど読み応えがあるのである。

今後の流れとして、日垣氏のような“外部”からの著者がビジネス本界に多数参入することで、くだらないビジネス本が淘汰されていけば良いのにと心底思う。適当なサラリーマン作家を連れてくるより、新人賞をとった後、鳴かず飛ばずでくすぶっているような文芸の作家を本気で教育してビジネス本を書かせた方が、よほど世のため人のためだ。良貨が悪貨を駆逐することもあるが、今は良貨が圧倒的に足りない。そんな中で、日垣氏の存在は、筆者にとってビジネス本界の希望であるようにも思われる。

公式プロフィールより

'58年、長野県生まれ。作家・ジャーナリスト。大学卒業後、書店員、トラック配送員、TVレポーター、編集者など数々の職を経て、'87年から執筆活動に入る。世界取材85ヶ国。『そして殺人者は野に放たれる』で新潮ドキュメント賞受賞

File No.25　日垣 隆

『知的ストレッチ入門
—すいすい読める書けるアイデアが出る』

大和書房　'06年9月　※'10年、新潮文庫より文庫化

88点

文庫化に際して、iPhoneやTwitterの使い倒しにまで言及した、著者オリジナルの知的生産術。勝間氏やHACKS!シリーズの小山氏のように、「デジタルツールは使って当たり前（使わないとかあり得ない！）」的な書き方ではなく、アナログ人間にも理解できるように書き方が工夫されているあたりが「文章のプロ」たるゆえんか。もちろん読む・調べる・考える・書くといった、ジャーナリストとしてのスキルに関する部分も読ませる。

『部下の仕事はなぜ遅いのか』

三笠書房　'08年4月

72点

「要領」について書かれた一冊。聞き書き対談という、おそらく日垣氏本人は一文字も書いていないであろう体裁にもかかわらず、ビジネス本、自己啓発本として成立しているあたりに、この本のタイトルに対する真の回答があるように思う。本作りのプロから学ぶべき点は多い。

『ラクをしないと成果は出ない』

大和書房　'08年5月　※'10年に文庫化

75点

著者初のビジネスジャンルの本であり、語り下ろしの一冊。と言っても、本文パートの完成には実に2年かかったとか。生みの苦しみがあったのだろうか。いささか屁理屈っぽいというか、内省的というか、あまり“陽”の部分が見られないのも、ビジネス本としては新鮮である。

『勝間和代現象を読み解く』
大和書房　'09年7月

60点

カツマー旋風真っ只中のタイミングで、この企画を発案して依頼した編集者と、受けた日垣氏のどちらも賞賛に値する。しかし、残念ながら内容的にはブルったのか、日和ったのか、勝間氏擁護モードというか、割と無難な内容に。勝負に出ていればベストセラーになったはず、だが。

『折れそうな心の鍛え方』
幻冬舎新書　'09年9月

70点

一時期締め切りを抱えすぎ、さらにプライベートのトラブルも重なってウツの一歩手前まで行った著者が、医者に頼らず“自己流”でウツを克服したそのノウハウを語る。折れやすいビジネスパーソンにとっては示唆に富む一冊だし、“ウツ対策”のアイデアの出し方にも学ぶべきものがある。

File No.26

福島正伸

MASANOBU FUKUSHIMA

「深イイ話」で魅せる起業家の神様

　起業家にとっての「神様」である。自身が起業家としてさまざまな事業に挑戦した後、その経験をベースに、現在は経営コンサルタントとして活躍。「成功するまで諦めるな」というメッセージは一貫しているが、とにかく本人が（金銭面で）並々ならぬ苦労をしてきただけあって、**その提言は単なるポジティブシンキングを超えて、濃く、熱い。**近著『理想の会社』では、毎朝の光景として次のような場面が描かれる。

「日本を変えるために目が覚めたよ」

**　眠そうな声で、妻も付き合ってくれる。**

「私も何かできるかしら…」

（中略）

**　ベッドから飛び出して、顔を洗いながらもう一回夢を確認する。**

「世界を笑顔でいっぱいにするんだ！」

　要するにそれくらいの気概を持てということなのだが、そんな「福島節」を信奉するファンは多く、講演会でも１回1000人クラスという業界屈指の集客力を誇っている。

　成功する会社の条件は、従業員が幸せに働いていること

——との観点から、'08年には「雇われる側」の読者に向けて、『どんな仕事も楽しくなる３つの物語』を上梓。タクシー運転手、警備員、駐車場の管理人という、いかにも地味な仕事をテーマに、ストーリー形式で「生きがい」を考えるこの作品は、読んで泣く人が続出するほどの「深イイ話」として10万部のヒットに。後の『日本で一番大切にしたい会社』などへと繋がる、「泣けるビジネス本」という一大ジャンルの嚆矢となった。

キメ台詞は「つまらない仕事はありません。仕事をつまらなくする考えがあるだけです」——こうした考え方に共感できるか否かで、福島氏への評価は変わってくるだろう。働くことに対して感動が見出しにくくなっている時代ゆえに、この一途さが救いともなるのだろうか。

公式プロフィールより

'58年、東京都生まれ。早稲田大学卒業後、コンサルタント会社に就職。その後、さまざまな事業に挑戦し、'88年、就職予備校（現・アントレプレナーセンター）を設立、代表取締役に就任する。通産省産業構造審議会委員をはじめ、数々の委員を歴任。自立型人材の育成、組織活性化や新規事業立ち上げ、地域活性化支援の専門家として20年以上にわたり活躍中

File No.26 **福島正伸**

『小さな会社の社長のための問題解決マニュアル』

PHP研究所 '07年6月

72点

「借入したいけど保証人がいない」などの困った事例に、QA式で解決策を提示していく一冊。このような体裁のマニュアル本の場合、「○○センターに相談すれば支援が受けられます」的な「お役立ち情報」が中心になりがちだが、本書では、福島氏が同様のトラブルに遭遇したとき、実際にどのような行動を取ったかが語られる。その内容は、他の著書同様めちゃくちゃアツく、希望に満ちており、それゆえに多くの中小企業経営者や個人経営者にとって福音たりえている。

『どんな仕事も楽しくなる3つの物語』

きこ書房 '08年3月

89点

ブレイクの一冊。「日本国民全員がこの本を３回読めば、日本は生まれ変わってしまうだろう」という帯文があながち冗談に思えないくらい、読めばポジティブな感情がわいてくること請け合い。この本がバカ売れしているとは、日本もそう捨てたものではない。『一杯のかけそば』的な感動話として消費されている可能性も多分にあるが……。

『仕事が夢と感動であふれる5つの物語』

きこ書房 '08年10月

82点

『〜３つの物語』の続編。家族の支えなどもストーリーに取り入れ、号泣度アップ。実話がベースになっているとはとても信じられないようなストーリーばかり。

『キミが働く理由』
中経出版　'09年2月

70点

皆で夢をプレゼンして、皆で夢をかなえよう——という、福島氏主宰のビッグイベント「ドリームプラン・プレゼンテーション」（通称ドリプラ）での講演をまとめたもの。《毎日仕事をしながら、感動して泣くことが私の目標です。》《お父さんが、「今日も仕事が楽しかったな。明日、仕事に行けると思うと、興奮しちゃうな」と言うと、子供さんは勉強し始めるのです。》などなど、序盤から福島節が全開。

『理想の会社』
きこ書房　'09年10月

80点

福島氏自身が見聞きした実例をベースに、「理想の会社」のプロトタイプを示した一冊。理想の会社に勤める社員は、出社する前に「今日は日本の未来を変える大切な会議があるんだ。社会をよりよくするために最高のプレゼンをしてくるよ」などと家族に声をかけるものらしい。朝からこの台詞が言えれば、そりゃモチベーションも上がるかもしれないが……。ニートに読ませたときの反応を知りたいものである。

File No.27

藤井孝一

KOICHI FUJII

会社を辞めずに自立せよと説く、サラリーマンの頼れる兄貴

'03年の『週末起業』以降、「副業」というテーマにおける第一人者として知られる。昨今、怪しげなネット系ビジネスなども含めて、副業の語り手は引きも切らないが、**「王道」と呼べるのはこの人くらいであろう**。『週末起業』は、刊行後7年を経た今読んでも、驚くほど色あせていない。

とは言え、筆者自身、当時は藤井氏に対して「どうにも地味だなぁ」との印象を抱いていたことは否めない。'03年と言えばベンチャーブーム真っ盛り。IPOする若手起業家がゴロゴロいて、誰もが"非常識に儲け"(©神田昌典)ていた時代に、週末を利用して「オンラインショップ経営」とか「代行ビジネス」とかいうのは、いかにも小粒な印象であった。後の『会社を辞めずに年収を倍にする！』に登場する、「会社にいながら起業するとバレたときにマズくありませんか?」みたいな問答集についても、起業経験者の一人としては「そんなの起業してから考えろよ！」と説教のひとつもしたくなる。

ところが、当時より景気が悪化した今となっては、藤井氏の提言がむしろしっくりくるのである。いきなり会社を辞めて、銀行から何百万、何千万単位で借金して起業……

なんていうのは今の時代からするといかにも無謀。モチベーション的にも、夢があって起業をするというより、収入が減って"やむを得ず"という人が増えているようだ。'03年当時の藤井氏の著作は、真剣に起業を考えている人というよりも、「会社を飛び出したいけど、実際に飛び出すのは不安だなぁ」というサラリーマンに、ガス抜き的に読まれているようなところが少なからずあった。それが、ここにきて俄然、実践的に読まれているとの印象を受ける。**時代がようやく藤井氏に追いついた**のか、あるいは後退したと言うべきか……。

公式プロフィールより
'66年、千葉県生まれ。アンテレクト代表。経営コンサルタント。中小企業診断士。慶応義塾大学文学部を卒業後、大手金融会社でマーケティングを担当。米国駐在を経て、中小企業と起業家への経営コンサルタントとして独立し、「週末起業フォーラム」を設立。起業や創業のコンサルティングを行い、全国のビジネスパーソンから、カリスマコンサルタントとして支持を受ける

File No.27　藤井孝一

『週末起業』

ちくま新書　'03年8月

80点

会社に勤めながら起業するという、極めて現実的なアイデアをサラリーマンに向けて提案してみせた画期的な一冊。事業計画書のごとく、なぜ起業した方がよいのか、注意点は何か……といった記述が整然と並ぶ。煽りは一切なく、「元サラリーマン」としての感覚を堅持しているあたりにも信頼がおける。

『週末起業チュートリアル』

ちくま新書　'04年5月

75点

実際に週末起業するためのノウハウ集。

『投資効率を100倍高める　ビジネス選書&読書術』

日本実業出版社　'08年10月

65点

藤井氏が読んだ本の内容をまとめてあるだけで、「読書術」と呼べるようなものではない。何より、藤井氏のウリである「身の丈感覚」に、「投資効率を100倍高める」といった煽り文句はそぐわないのではないか。「サラリーマンが今よりちょっとデキるヤツになる方法」という路線を、もっときっちり追求してもらいたい。

『会社を辞めずに年収を倍にする！』

講談社　'09年6月

69点

「副業」「独立」「週末起業業」に関するさまざまなサラリーマン的疑問に、藤井氏が回答していくQA本……なのはいいとして、「比較的失敗の少ないビジネスは何ですか？」とか「『これを取れば食える資格』はありますか？」といった、ダメダメな質問が多い。それらに一つ一つ丁寧に回答する藤井氏の人柄が光る一冊となっている。

『収入複線化マニュアル』

光文社　'09年9月

59点

副業を持つことに成功した人たちに藤井氏が取材して回った一冊。だが、わざわざ藤井氏自ら出張るほどの内容とも思えない。なぜ、そんな手間のかかる仕事を引き受けたのか、謎が残る。なぜ編集部も頼んだのか……。

『週末起業サバイバル』

ちくま新書　'09年11月

79点

『週末起業』の最新バージョン。内容は基本的に一緒だが、今の状況に合わせて細かい記述がマイナーチェンジされており、おすすめ。会社法の改正で設立資本金が１円になったとか、ネットでの新しいビジネスなどのネタが盛り込まれている。藤井氏自身、独立を果たしてすでに10年近く経つわけだが、いまだに「サラリーマンの頼れる兄貴」的立ち位置がブレていないのは賞賛に値する。

File No.28

船井幸雄

YUKIO FUNAI

わが国のトップコンサルタントにして スピリチュアルの語り手

わが国有数のコンサル会社である船井総研の創業者が、その著作の中で《地球とは人類の意識の集合体であり、**地球上に住む人々の意識が高次元へと「アセンション」することにより、大地震などの災厄を防ぐことができる**》というようなこと　を大マジメに語っているのは、ある意味「不都合な真実」と言えるかもしれない（社員の皆さんは割り切っておられるのだろうが）。かつて、三菱銀行（当時）での講演に呼ばれた船井氏がいつもの調子でスピリチュアル話を展開したところ、真っ青になった時の頭取に「こんな電●野郎と知っていたら呼ばなかった」（←意訳）と詰《なじ》られた――などという微笑ましいエピソードも著書の中に登場する。

実際、船井氏の著作が「ビジネス本」として担保されているのは、「著者が船井総研の創業者である」という事実によるものであり、**さもなくば「五次元文庫」の棚に並んでいてもおかしくはないほどだ**。その中身は、アカシックレコードやエドガー・ケイシー、高次元意識生命体（要するに宇宙人）など、あらゆる香ばしいトピックスのオンパレード。余談だが、船井氏によると、氏及びフォロワー

5000人の“想い”により、2012年の人類滅亡はすでに回避されたそうである。

とはいえ、こうした「限りなくスピリチュアルに近いビジネス本」というジャンルは、船井氏の専売特許というほどでもない。日本のバイオテクノロジーの権威である村上和雄氏などは完全にそっち系の著者であるし（生命の存在はダーウィンの進化論では十分に説明できない。宇宙を作り、生命を作り出した「サムシング・グレート」とでもいうべき存在があるに違いない——というのが村上氏の主張である）、稲盛和夫氏（24ページ）の言説も、一般的な解釈では半分くらいはスピリチュアルだ。考えてみれば、**スピリチュアル志向というのは「（意識レベルで）人間として高次元に生きたい」という欲求**に通じるものがあり（『幻魔大戦』に出てくる超能力戦士に憧れるようなものか）、目指すところは凡人の思考を超えた遥か高みにある。わが国においてトップクラスに優秀な人々がスピリチュアルに傾倒していくのも、当然の帰結と言えるのかもしれない。裏を返せば、凡人には、その前に目指すべきことがいくらでもあるということである。

公式プロフィールより

'33年、大阪府生まれ。'56年、京都大学農学部農林経済学科を卒業。日本マネジメント協会の経営コンサルタント、理事などを経て、'70年に日本マーケティングセンターを設立。'85年、同社を船井総合研究所に社名変更。'88年、経営コンサルタント会社として世界で初めて株式を上場。同社の社長、会長を経て、'03年に同社の役員を退任。現在、船井本社の会長

File No.28 船井幸雄

『イヤシロチ―万物が蘇生する場所がある』
評言社　'04年2月

80点

イヤシロチとは「人間が生きやすく、住みやすく、植物も育ちやすい」土地のこと。今で言う「パワースポット」の走り。土地をイヤシロチ化すると商売もしやすくなる……などというくだりは、ある意味、実用的である。

『人は生まれ変わる』
ダイヤモンド社　'05年5月

80点

肉体は魂の器にすぎず、人間は魂を成長させるために、かりそめにこの世を訪れている――と説く。船井氏が初めてこのような言説を披露したとき、マスコミからは叩かれ、社内の優秀な人間は辞めていった(本人談)。だが、氏の信念は当時も今も揺るがない。

『「百匹目の猿現象」を起こそう!』
サンマーク出版　'06年5月

72点

船井氏が紹介して有名になった「百匹目の猿現象」。宮崎県幸島の猿は、イモを海水で洗い塩味をつけて食べる習慣を自ら身につけたというエピソードで有名だが、同様の行動を取る猿が百匹を超えたとき、世界の各地で同時多発的に「イモを海水で洗う」猿たちが登場したという。「意識の高い集団は世界を変える」というお話。

『13歳からのシンプルな生き方哲学』
マガジンハウス　'08年6月

64点

村上龍『13歳からのハローワーク』みたいな本かと思って読んでいると、突然「イメージで病気を治す」とか「この宇宙には偉大なる何者か（サムシンググレート）が存在する」などのトピックスが飛び出す、子供に読ませるには油断ならない一冊。「毎日10枚手紙を書けば、3年後の人脈が変わる」など、それなりに深い記述も。

『2009年　資本主義大崩壊！』
ダイヤモンド社　'08年12月

80点 経済予測もスピリチュアル。サブプライムショックも予測してはいたが、それは（2012年人類滅亡と違って）回避することがかなわなかった。なぜなら、人類が進歩するために必要なステップだったから……とか。

『人間力』
ビジネス社　'09年5月

75点 冒頭では、将棋の羽生善治名人と、「自分でツキを呼び、直感を磨く方法」について語り合う。羽生名人の空気の読みっぷりが光る一冊。余談だが、船井氏と対談などで絡んだ人物は、その後スピリチュアル界でアイドル化する傾向が。羽生名人の今後に注目。

『2012年の変化はすでに起きている』
徳間書店　'09年12月

80点 船井氏自ら「百匹目の猿現象」（左頁参照）を起こすべく、“有意の人”5000人を集めて“祈り”を一つにした。その結果、2012年の人類滅亡は回避された――と語る。

『聖書の暗号は知っていた』
徳間書店　'10年2月

80点 著作を重ねるごとにトンデモ臭が濃くなっているが、ラストギグが近づいていると思うと読まずにはいられない。

File No.29

古市幸雄

YUKIO FURUICHI

罵倒スタイルで効果的な勉強法を説く「怒れる教育者」

50万部を突破した『「1日30分」を続けなさい！』など、お勉強のメソッドを説いた著作で知られる作家である。本業は、「英語ビジネス」(英語教材の提供など）ということらしい。『「1日30分」〜』は、**もともと1万円で売られていた「情報商材」を単行本化してみたら、メチャ売れしてしまった**という過去に例のない一冊。

「脳科学の実験結果」などを引用しつつ、「短時間勉強30分→短時間休憩15分のサイクルを1セットとして、2〜3セット繰り返すのが基本」「集中力がとぎれて勉強がいやになる前に中断するのがコツ」云々というのは、他の脳本、勉強本にもよく出てくるメソッドではある。では、古市氏をベストセラー作家たらしめた“個性”とは何だったのか。

おそらくそれは、古市氏の「説教口調」にあると思われる。文末に「！」を多用するのは、情報商材によく見られるノリであるが、それに加えて**古市氏は常に「怒って」いる**。「1日30分で十分なのに！　なぜその努力を怠るのですか！」……といった具合だ。正直、「なぜ金を払って本を買っているのにここまで罵倒されなければならないのか？」と思ってしまうほど、怒っている。ただし、勉強の習慣がない読者の中には、「退社後は同僚と居酒屋、電車ではスポーツ新聞、帰宅すると缶ビールとプロ野球……」というライフスタイルの人々を「ビジネスで使えない人間」と断じる古市氏の言葉に、背筋が伸びる思いをした人も多かったのだろう。

なお、近著『僕たち、どうして勉強するの？』で、古市氏は若い世代に向けて「なぜ勉強をした方がよいのか」を説いている。それを読むと、少年時代の古市氏の周囲にいた大人たちがいかに若い頃勉強をしておらず、それゆえにいかに多くのものを諦めていたかという記憶が綴られており、古市氏の“怒り”や“苛立ち”が腑に落ちる思いであった。**古市氏の著作に、ある種の「ヤル気」を鼓舞させる効果があるのは間違いない。**

公式プロフィールより

'68年、東京都生まれ。明治学院大学文学部英文科卒業。読売新聞社編集局写真部退社後、ニューヨーク州立大学で経営学修士（MBA）を取得。帰国後3年間で、翻訳、手帳・目標達成関連、英会話学校の3つのビジネスを立ち上げる。自身の試行錯誤の経験から、実践的な勉強法を提唱。『「1日30分」を続けなさい!』は、'07年ベストセラー・ビジネス書第1位になる

File No.29　古市幸雄

『「1日30分」を続けなさい！』

マガジンハウス　'07年6月　※大和書房より、'10年に文庫化

82点

勉強本のベストセラー。情報商材特有の「喋り文体」(というか説教口調）が、ある種のライブ感を生んでいる。予備校の講義録が「実況中継」などとして参考書のベストセラーになったのと同様、頭に入りやすいがゆえにウケたという部分もあるだろう。それにしても、怒りすぎである。

『「朝30分」を続けなさい！』

アスコム　'07年12月　※PHP研究所より、'10年に文庫化

76点

「1日30分」を続けるために、朝30分早起きしろと説く、前著の続編(でも、なぜか版元は違う)。そしてやっぱり、ここでも古市氏は怒っている。「なぜ、たかだか30分早く起きることができないのですか！」と叱られ、「すみません」と心の中であやまりながら読み進める、新しい読書体験が得られるだろう。

『僕たち、どうして勉強するの？』

マガジンハウス　'09年3月

81点

なぜ勉強しなくてはならないのか？という子供の問いに答える形で書かれているが、「勉強がいかに多くのものを人生にもたらすか」ということに改めて気づかせてくれるという意味で、大人にとっても有用な一冊。

**『目標実現のための最速ルール41
「カレーライス」の方程式』**
祥伝社　'10年1月

45点

ビジネス本のノウハウがない版元は、往々にしてわざとビジネス本の文法から外れた本の作り方をしたがるものだ。「手垢のついたフォーマットは避けて、何か新しいことをやろう」という狙いは理解できるが、残念ながらその狙いがハマるケースは少ない。本書もまた、変わったことをしようとして失敗した例である。目標達成のプロセスを、ムリヤリ「カレーライスの作り方」になぞらえてみたものの、発想の安易さばかりが目立つ残念な結果に。

NO IMAGE

File No.30

本田 健

KEN HONDA

億万長者のライフスタイルを世に広めた、「僕らのメンター」

『ユダヤ人大富豪の教え』で一世を風靡したカリスマ作家。ミリオネアメンタリティ――すなわち、**「億万長者に共通するライフスタイルや思想・行動」をまとめて世に広めた**のは彼の功績である。ミリオンセラーが記憶に新しい水野敬也著『夢をかなえるゾウ』(178ページ)も、この『ユダヤ人〜』がベースになっているものと思われる。

本田氏が挙げる「大富豪の10の特徴」とは、極めて“あたりまえ”のことだ。好きなことを仕事にしている、誠実である、健康である、運がいい、人に応援される、メンターがいる、パートナーがいる……etc。だが、**これらをおろそかにすると、一時的に大金を手にしても最終的に上手く行かない**のは確かで、そういう意味では非常に“深い”話である。これをすっ飛ばして、「株式投資で資産を10倍に増やした方法」みたいな本を読んでも、万一上手く行ったとして宝クジに当たったのと同じですぐ元に戻ってしまうだろう。『ユダヤ人〜』は、ミリオネアという状況を維持するための教本でもあるのだ。

『ユダヤ人大富豪〜』の主人公、ケンの若くて爽やかな好青年イメージとは裏腹に、実際の本田氏のビジュアルは、ちょいポチャで長髪、服装もラフな、温い雰囲気の持ち主。セミナーでは「『本田健』が私みたいに冴えないヤツでごめんなさい」と挨拶して笑いをとることもあるとか。とは言え、日本とロンドンを行き来する優雅な暮らしぶりは、自らが説く「幸せな小金持ち」ライフそのもの。**マスコミへは一切露出していないのにもかかわらず、著作が累計300万部も売れている**など、あらゆる意味で、もっとも“磐石”な著者である。

公式プロフィールより

兵庫県生まれ。経営コンサルティング会社、ベンチャーキャピタル会社など、複数の会社を経営する「お金の専門家」として、お金と幸せについての執筆・講演活動を行う。『ユダヤ人大富豪の教え』など30冊以上の著書はすべてベストセラーに。累計300万部を超え、世界中で翻訳されつつある

File No.30 **本田 健**

『ユダヤ人大富豪の教え』

大和書房　'03年6月　※'06年に文庫化

92点

大富豪に共通するライフスタイルや思想・行動をストーリー形式でひもとき、好きなことをして幸せに成功することが大事と説く。古今の成功者のエピソードを拾ってくるネタ収集力と、それをひとつの物語として展開する構成力は卓越している。

『普通の人がこうして億万長者になった』

講談社　'04年2月　※'08年に文庫化

82点

アメリカの有名な金持ち研究本『となりの億万長者』(トマス・J・スタンリー)の日本バージョン。

『スイス人銀行家の教え』

大和書房　'04年5月

86点

『ユダヤ人大富豪の教え』の上級編。不動産収入やプライベートバンク、キャッシュフローの仕組みなど、本気でお金持ちになりたいなら、常識として知っておくべき事柄が解説されている。

『きっと、よくなる!』

サンマーク出版　'05年1月

85点

往時のホリエモンのような24時間忙しい大金持ちではなく、「あまり働かずに年収2000万円」あたりのシチュエーションを実現するための考え方を説く。好きなことをやることで人生はよくなっていく——という「お金の奴隷解放宣言」。本田氏の著作の中で、もっとも一般読者に刺さりそうなのは本書だろう。

『ピンチをチャンスに変える51の質問』

大和書房　'09年7月

67点

見開きごとに項目が展開していく、流行りのスタイル（©本田直之氏）で構成された一冊だが、ほかの著作と比べると輝きはない。

『未来は、えらべる！』

ヴォイス　'10年3月

79点

平たく言えばチャネリング本。ダリル・アンカ氏を触媒とする宇宙生命体「バシャール」と本田氏が「わくわくすることを一生懸命やろう！」という前向きなテーマについて語り合った一冊。と書くと、なんのことかわからないと言うか、「ついに本田健もスピリチュアルに……」と心配になるファンも多いだろうが、内容自体は極めてポジティブなバイブスに満ち溢れているので、安心して読んで大丈夫だ。

File No.31

本田直之

NAOYUKI HONDA

自ら提唱する「レバレッジ理論」の もっともわかりやすい体現者

「最小の努力で最大の効果を上げる」という、割とあたりまえのテーマに「レバレッジ」という投資用語を当てたことで大ブレイク。現在は、サーファー兼ベストセラー作家として、優雅にハワイと日本の二重生活。本田氏自身が、レバレッジ理論のもっともわかりやすい体現者であると言えるだろう。最近では、ハワイのガイド本なども出したりしており、実に悠々自適な暮らしぶりである。

看板である「レバレッジシリーズ」のコンセプトは、**「スポーツ理論、投資理論、ビジネス理論、脳科学の４ジャンルから、仕事に役立つ知識をバランスよく紹介する」**というもの。宮本武蔵の『五輪書』がビジネスマンに愛読されてきたように、畑違いの知識を仕事術に応用するというアイデアは古くからあるが、そこに投資だの脳科学だの、当世の流行りモノを持ってくるという構成の妙がウケた。本田氏は、読書に際して「レバレッジメモ」という手法を提唱しているが、これは「本を読んだままで終わらせるのではなく、重要な部分に線を引き、その箇所をメモに書き溜めたりPCに入力したりして、何度も読み返す」というもの。本田氏の著作の特徴である「各種専門書やヒット本からの巧みな引用」は、この手法の賜物と言える。これほど多作でありながら、**新刊を出すたびに目先の変わったテーマを設定**しており、プロデューサーとしての能力も極めて高い。

なお、本田氏の著作はおしなべて字数が少なく、各章の最後にはご親切に「まとめ」もついているため、**アッという間に読める**。そこからKSF(Key Success Factor＝成功要因)を学ぶことができたなら、あなたも立派にDMWL（Doing More with Less＝少ない労力と時間で大きな成果を得る）を実現したということ。本田氏もさぞや本望だろう。

公式プロフィールより

明治大学商学部卒業。シティバンクなどの外資系企業を経て、バックスグループの経営に参画し、常務取締役としてJASDAQへの上場に導く。現在は、日米のベンチャー企業への投資事業を行うと同時に、少ない労力で多くの成果をあげるためのレバレッジマネジメントのアドバイスを行う。ロングヘアーがトレードマーク

File No.31 本田直之

『レバレッジ・リーディング』

東洋経済新報社　'06年12月

80点

「本の重要な箇所をパソコンに入力して出力して持ち歩く」というレバレッジメモなどの手法も有名になったが、何より、読んだ本から効率よくリターンを得ようというレバレッジの発想を読書に持ち込んだ点で画期的だった一冊。「書いた人の経験を1500円で買える」という読書の投資価値、本は「道具」であるとして、所蔵することへのこだわりを捨て、徹底的に汚して書き込んで折って使い捨てよという扱い方の指南など、後のビジネス本の読書術に多大な影響を与えた。

『レバレッジ時間術』

幻冬舎新書　'07年5月

85点

よくある効率アップのための時間術ではなく、投資や会計的な視点で時間を考える。つまり、自分の時間単位の売り上げ（時給）をいかに上げていくか。毎日同じことを繰り返せば効率はどんどん上がるので、一日・一週間のタイムスケジュールを極力固める——など。ただし、相当な意志の強さが必要。

『レバレッジ・シンキング』

東洋経済新報社　'07年6月

88点

シリーズ中、もっとも評価の高い一冊。「レバレッジ」という考え方の全容は本書で説明されている。捉え方としては「シンキング」が上位概念としてあり、「リーディング」「時間術」「人脈術」などは各論に相当する。

『レバレッジ人脈術』
ダイヤモンド社　'07年12月

86
点

これも後続の本に影響を与えた一冊。人脈を作るためには、まず相手に「貢献」せよと説く。見返りを期待して、よく知りもしない人に群がる「くれくれ君」を暗に批判。人数が多くて属性がバラバラな人脈の集まりを否定し、人数の少ない属性を絞った集まりを奨励する。実際のところ、そのような「選ばれし者の集まり」に食い込むまでが大変なので、本田氏の言うことは「強者の論理」なのだが、それがかえって若いビジネスパーソンの憧れの的となった。

『面倒くさがりやのあなたがうまくいく55の法則』
大和書房　'09年1月

82
点

レバレッジシリーズのセカンドラインとでも言うべきシリーズ。続編に『なまけもののあなたがうまくいく57の法則』（'09年７月）。ただでさえわかりやすいレバレッジの考え方を、さらに噛んで含めるように解説している。章立てを見ると、「家計簿をつける」とか「遅刻をしない」とか、読者レベルを馬鹿にしているとしか思えないが、まぁ確信犯なのであろう。「遅刻をすると、かえって面倒くさいことになるので遅刻はしないほうがいい」云々と、たかが遅刻についてわざわざ200字以上かけて説明するところに本田氏の芸があり、それによって至極当たり前な言説が「気づき」となり得るのである。この芸風は、中谷彰宏氏に通じるものがある。

File No.31 本田直之

『本田式　サバイバル・キャリア術』

幻冬舎　'09年3月

80点

サブプライムショックの直後に刊行された、緊急提言の書。当時流行っていた「ポータブルスキル」に言及し、会社の中だけではなく、独立しても通用するスキルやキャリアとは何かを説く。他の著書と比べると本田氏のオリジナル色は薄いが、“緊急”でもきっちり作り込まれているのはさすが。

『走る男になりなさい』

サンマーク出版　'09年10月

72点

本田氏の「レバレッジ」のノウハウをストーリー形式でまとめた一冊。急ごしらえの新規プロジェクトチームで、個性がバラバラなメンバーが互いに対立するが、皆でランニングを始めたらチームワークができるようになった……というお話。

『カラダマネジメント術！』

マガジンハウス　'10年4月

82点

趣味で体を鍛えようとか、メタボっているので痩せなくちゃとかいう話ではなく、スポーツを通じて体に「時間」を投資し、ビジネスで回収しようという（健康になれば仕事の効率もよくなるので）、いかにも本田氏らしい運動のススメ。本田氏自身がサーフィンやトライアスロンを嗜むスポーツマンだけあって実践的な一冊。

Column 5

「書評ブログ」の影響力

ビジネス本のトレンドを語るうえで忘れてはならないのが「書評ブロガー」の存在である。小飼弾氏（『404 Blog Not Found』）、聖幸氏（『俺と100冊の成功本』）、smooth氏（『マインドマップ的読書感想文』）ら「書評ブロガー御三家」を筆頭に、『ビジネス選書＆サマリー』『知識を力に』『エンジニアがビジネス書を斬る』といった殿堂入りクラスのブログは、月100万ＰＶとか、メルマガの購読者数が３万部など、もはや“媒体”といってよいほどの影響力を持っている。今や、新刊や面白いビジネス本の情報を、これらのブログやメルマガから入手している人も多く、それに気付いた出版社や著者が、ブロガーたちに献本攻勢をかけているほどだ。新刊の発売直後に、有力なブログやメルマガにどの程度取り上げられるかどうかで、売り上げの初速が決まるというのが定説である。本の評価自体も、有力ブロガーたちの反応により形成されていくことが多い。書評ブログには、よくも悪くも、ビジネス本の「今」が詰まっているのだ。

なお、主要なブログやメルマガは、私が「ブロガーマトリックス」(http://d.hatena.ne.jp/toshii2008/20091231)としてまとめているので、参照されたい。

ビジネス本の世界には、かくも多くの思惑が渦巻いている。そんな背景を念頭にビジネス本を読めば、また読後に違った味わいがあるのではないだろうか。

File No.32

美崎栄一郎

EIICHIRO MISAKI

サークル活動のごとき作家仕事を展開する、ビジネス本バブルの徒花

サラリーマンの、サラリーマンによる、サラリーマンのためのビジネス本著者。小山・原尻氏の「HACKS!」シリーズ、奥野宣之氏の『情報は１冊のノートにまとめなさい』などのヒットを見て目の色を変えた版元が、**「等身大の著者はクチコミで売れる！」という思い込みの演繹をどんどん進めていった結果、ビジネス本作家は完全に小粒化した**。その最たる例が美崎氏と言えよう。

美崎氏の肩書きは「花王勤務のスーパーサラリーマン」。「スーパーサラリーマン」とは一体何なのか、バブル時代の「シャインズ」みたいなギャグで言っているならまだしも、どうやらマジらしい。複数の社会人勉強会を主催し、「仕事では直接関わりのない人たち1000人以上との人脈を持っている」というのがスーパーサラリーマンたる所以らしいが、本当に優秀な人物なら、社内の仕事が忙しくてそんなことしてる暇などないのでは……。

著作のクオリティについては何をかいわんや。デビュー作『「結果を出す人」はノートに何を書いているのか』こそ、出来はそこそこ良いし、実際に売れてもいるが、同じ版元から先に出た『情報は１冊のノートにまとめなさい』の七光り効果は指摘しておくべきだろう。二作目以降はお粗末なもので、書評ブロガーの名前がずらずら出てくるだけのお友達本など、サークル活動のごとき作家仕事を展開している。**ビジネス本バブルの徒花とでも言うべきか**。

そんな美崎氏ですら「売れっ子作家」ということになるのだから、ビジネス本界の先行きを憂わざるを得ない。このまま行けば、**自称「スーパー新卒サラリーマン」や、自称「スーパー就活大学生」らが書いた本が書店に平積みになる日も遠くない**だろう。このような流れは、ビジネス本を読んでマジメに勉強しようと考えている人々にとっての裏切りでしかない。いっそビジネス本バブルなど、一度弾けたほうがよいと思う。もうすでに弾けているのかもしれないが。

公式プロフィールより

'71年生まれ。大手化粧品メーカーで商品開発を仕事としている。サラリーマンとして働く傍ら、「築地朝食会」「ひみつの学校」など、サラリーマンのアウトプットの場としての勉強会や交流会を主催。毎月150人以上の社会人を集め、業務以外の情報交換により、1000人以上のゆるやかな社外ネットワークが生まれている。異業種でも多くの人脈を持っているため、いつのまにか「スーパーサラリーマン」と呼ばれるようになる

File No.32 美崎栄一郎

『「結果を出す人」はノートに何を書いているのか』

ナナ・コーポレート・コミュニケーション '09年9月

77点

刊行当時、無名著者であった奥野宣之氏の100円ノート本を合計70万部、売り切った版元から「ノート本の第3弾」的位置づけで発売された一冊。ややマーケティング先行な気もするが、「ノートの使いこなし方」をここまで微に入り細を穿つかのように扱った本も稀であろう。内容的には先の100円ノートの発展系ともいえる部分もあり（スキャンしたページをインデックス管理するなど）、ノート術のインフレ化と感じる部分もあるが、本自体の完成度は評価に値する。

『会社って楽しい?』

ビジネス社 '10年1月

10点

著者は「あえてストーリー形式を選んだ」と言うのだろうが、商業出版における小説という表現形式の閾値《いきち》を限界まで下げてしまったかのような一冊。あらゆる編集者に先入観なく、「作品」として読んでどう思ったか真剣に聞いてみたい衝動にかられる。

『「結果を出す人」の仕事のすすめ方』

アスコム '10年3月

50点

参考文献（?）と共に、「この本を読んで私はこう行動しました」ということが延々と200ページ以上にもわたって書き連ねられている本。一応、紹介されている本はブロガーやビジネス本関係者が推薦した本という位置づけになっており、巨大なリンク集のような体裁なのだが、書評ブログのエントリーを1年分まとめただけのような内容に、著者の知人、関係者以外にとって、一体この本から何を学べというのか理解に苦しむ部分がある。一作目のヒットに乗じて売り抜けようという商魂の逞しさは評価に値するかもしれない。

File No.33

茂木健一郎

KENICHIRO MOGI

学術的根拠ナシで「脳」を語る天衣無縫の脳科学者

気鋭の脳科学者として知られる茂木氏だが、その著作に脳科学のエッセンスを期待しても、**驚くほど何も書かれていない**。『脳を活かす仕事術』には「脳科学的に見れば、人間は誰しも記憶や性格や年齢にかかわらず、飛躍的な成長を遂げたり、激的な変化を遂げる可能性を秘めた存在であります」などと書かれているが、そんなのは至極あたりまえの話であり、脳科学を持ち出すまでもないだろう。「タイムプレッシャー（制限時間を設けると作業の効率が上がる）」や「セレンディピティ（偶然をきっかけにヒラメキを得る力）」などもお気に入りのフレーズだが、大方の説明は「脳科学的に見れば」という一言で済まされており、マウスを使った何らかの実験の結果……みたいな話はまるで出てこない。ある意味、科学の「超訳」である。

だからと言って、茂木氏の著作が読むに値しないと言っているわけではない。**そもそも、脳科学はわかっていないことだらけ**。実験で証明されていないだけで「たぶん事実なのだろう」ということはいくらでもある。「科学的根拠のない話を信じるな」という日本神経科学学会の警鐘などお構いなしに、「脳の中で赤々と白熱灯が点っているのをイメージすれば集中できる」などの珍説を嬉々として展開する茂木氏は、むしろ貴重な存在と言えるだろう。その大らかさが「うっかり税金申告漏れ」に繋がったのだという気もするが……。

公式プロフィールより

'62年、東京生まれ。脳科学者。ソニー・コンピュータサイエンス研究所シニアリサーチャー。東京工業大学大学院連携教授（脳科学、認知科学）。東京大学理学部、法学部卒業後、同大学大学院理学系研究科物理学専攻課程修了。理学博士。理化学研究所、ケンブリッジ大学を経て現職。'06年より、NHK『プロフェッショナル仕事の流儀』キャスター

File No.33 茂木健一郎

『「脳」整理法』
ちくま新書　'05年9月

80点

タイトルこそ野口悠紀雄氏の『「超」整理法』を意識しているようだが、茂木氏が脳科学者として、真面目に脳とクオリアについて語った貴重な一冊。『龍馬脳〜』（後述）と同じ人が書いたとは思えない。

『脳を活かす勉強法』
PHP研究所　'07年12月

79点

それまで地味に脳に関する本を書き続けてきた茂木氏が大ブレイクを果たした一冊。読み物としては面白いが、受験生がこれを読んでも成績が上がることはなさそう。大人向けの脳と勉強に関するライトエッセイといったところ。

『脳を活かす仕事術』
PHP研究所　'08年9月

73点

「勉強法」の続編。お仕事エッセイ。

『「脳にいいこと」だけをやりなさい！』
三笠書房　'08年11月

72点

「カリスマ・コーチ」ことマーシー・シャイモフの原著を茂木氏が監訳し、年間ベストセラーランキング入りした一冊だが、内容はポジティブシンキングや潜在意識の活用を説く自己啓発書であり、脳の本ではない。

『脳を活かす生活術』
PHP研究所　'09年2月

63点　「勉強法」の続編の続編。生き方エッセイ。

『プロフェッショナルたちの脳活用法』
NHK出版生活人新書　'09年4月

74点　NHK『プロフェッショナル仕事の流儀』のキャスターとしてお茶の間に知られるようになった茂木氏が、これまで番組で出会った100人の「プロフェッショナル」たちを分析する。例によってさほど科学的な脳の話は出てこないが、100人の成功体験が新書で読めるという意味ではオトクな一冊。

『人生が驚くほど変わる　龍馬脳のススメ』
主婦と生活社　'10年4月

51点　そろそろ「何でも脳か」と言いたくなってくる。龍馬は女脳の持ち主であった……などと好きなように語る一冊。読みどころ（？）はモデルの杏（歴女代表）との対談。最後に杏が「貴女は本物の歴女だ」とモギケンに認められて終わる。

File No.34

安田佳生

YOSHIO YASUDA

文学的、哲学的感性が光る 優れた「お仕事エッセイスト」

独自の視点による“気づき”が満載のお仕事エッセイ——という作風において、安田佳生氏は「ゼロ年代の中谷彰宏」とでも呼ぶべき存在かもしれない。と言っても、安田氏が中谷氏の“同類”であるという意味では全くなく、むしろ両者は対極的だ。安田氏は、中谷氏のように著作を量産していないし（1～2年に1冊、読者に待ち望まれつつ、高水準な内容の新刊を出すという極めて好ましいペースである）、“気づき”の提示の仕方も**「単なる巧い小咄」(←中谷氏のような）を超えて、文学的、哲学的ですらある。**安田氏が「思考の錬金術師」と呼ばれるゆえんでもあろう。

唯一気になるのは、安田氏が代表を務める「ワイキューブ」という会社が何をやっている会社なのか今ひとつよくわからない点なのだが（「新卒採用コンサルティング」という事業内容よりも、**会社の中にタダで飲めるバーがある**とか、ビリヤード場があるとかいった“トリビア”において、安田氏の会社は有名である）、そんなことは些事に過ぎない。ビジネス本の著者には、とかく権威（実績ある企業の社長である、など）が求められがちだが、それで安田氏の著作をスルーしている読者がいるならば、勿体ない話である。この人は、ビジネス本の枠を超えて通用する、優れた作家の一人なのだから。

公式プロフィールより

'65年、大阪府生まれ。高校卒業後渡米し、オレゴン州立大学で生物学を専攻。帰国後リクルートを経て、'90年ワイキューブを設立。社長業の傍ら、外部団体主催の経営者向けセミナー講師をはじめ、書籍の執筆、経営誌への寄稿、メールマガジンの発行なども行う。著書『採用の超プロが教える　できる人できない人』はシリーズ累計35万部のヒットに

File No.34　安田佳生

『採用の超プロが教える　仕事の選び方　人生の選び方』

サンマーク出版　'03年11月　※'06年に文庫化

78点

ブレイク前夜のヒットシリーズの一冊。これから就職活動を始めようとしている学生や、社会に出て間もない若手のビジネスパーソンに向けて「いかにやりがいのある仕事とめぐり合うか」を説く。オーソドックスなメッセージを、心に刺さるような文章で綴る作風はすでに確立されている。

『千円札は拾うな。』

サンマーク出版　'06年1月　※'08年に文庫化

82点

「何をしている人なのかイマイチよくわからない著者が書いた人生訓」など、本来読みたいものではないが、にもかかわらず30万部のベストセラーとなったのは、著者の力量であろう。「本郷猛を鍛えてはいけない」（変身する前の仮面ライダーである本郷猛は、仮面ライダーではないのだから、どう頑張って鍛えても怪人は倒せない。同様に、行き詰まっているときにスキルアップなどを試みても意味はなく、そんなときは過去の自分を捨てて「変身」すべきなのである）など、単なる巧い喩えを超えて心に残る文章が光る。

『下を向いて生きよう。』

サンマーク出版　'07年11月
『嘘つきは社長のはじまり』と改題して'08年文庫化

81点

安田氏による人生訓第２弾。自らの事業の失敗も率直に綴りながら、「幸せ」を考察する。幸せを人と比べても意味がない、上を見るか下を見るかで心の持ちようは変わる――というのは、ビジネス本の著者としては珍しい考え方と言えるかもしれない。「ビル・ゲイツなんか絶対見てはいけない。そもそも彼を同じ人間だと思うからいけないのだ」という語り口の軽妙さは相変わらず。

『検索は、するな。』
サンマーク出版 '09年4月

85点
安田氏による人生訓第3弾。今回は、「思考すること」の大切さがテーマ。エッセイストとしての氏の力量にはますます磨きがかかっている。ちくわの穴と思考の窓についての考察などは、まさに玄人はだし。エッセイ大賞の類を受賞してもよいのでは。

File No.35

八木宏之

HIROYUKI YAGI

企業をめぐる日本の金融環境に変革をもたらした「債務整理の第一人者」

八木氏が「セントラル総合研究所」を設立し、債務整理の事業を始めるまで、日本の企業をめぐる金融環境はグローバルスタンダードから遠く離れたところにあった。海外の金融機関には「貸し手責任」があり、通常、デフォルトのリスクは貸し手が負う。一方、日本だけが江戸時代の五人組のような連帯保証制度を永らえさせており、それが年間３万件と言われる自殺の主要な原因にもなっていたわけだ。そんな人々を救う活動を、草の根で行っていたのが八木氏をはじめとする事業再生家たちだったのである。

民間から国の施策が変わるという例はあまりないが、八木氏らの目覚しい活動により、最高裁の判決なども変わっていき、それに伴い制度も改正されていった。**グレーゾーン金利が撤廃されたのも、元をたどれば八木氏の功績である。**『借りたカネは返すな！』をはじめとする一連の著作は、真にすぐれた啓蒙書であると同時に、八木氏の偉大な活動の記録でもある。

その八木氏は、'10年の初め、脱税容疑で逮捕された。容疑自体が疑わしいものだが、この逮捕による国の損失は大きい。「再チャレンジできる社会」などと言うが、起業したとしてもリターンが期待できないくらい市場が冷えている半面、会社が潰れたときのリスクだけが異様に高いのが現状。そんな中で、どれだけ国が奨励しても、起業したい人間など増えるわけがない。**アメリカでは、2、3回失敗してようやく成功――というのがベンチャーの王道**であり、再起をサポートする制度も整っている。このような環境を日本にも根付かせようとしていたのが、他ならぬ八木氏だったのだ。氏の一日も早い現場復帰を願う。

公式プロフィールより

'59年、東京都生まれ。大学卒業後、銀行系リース会社で全国屈指の債権回収担当者として活躍。'96年、その経験を活かし、借金などの債務に苦しむ経営者の立場にたった事業再生のコンサルティングを専門とするセントラル総合研究所を設立し、代表取締役に就任。中小企業再生のエキスパートとして壮絶に戦い、業界屈指の実績をあげている

File No.35 **八木宏之**

『借りたカネは返すな！』
アスキーコミュニケーションズ '02年12月

86点 「銀行やお上から借りた金は絶対に返さなきゃいけない」という日本人の固定観念がグローバルスタンダードからいかにかけ離れているかを説き、さらに具体的な対抗手段までをロジカルに語った画期的な一冊。後の制度改正にも影響を与えた。

『実録借りたカネは返すな！』
アスコム '03年9月

83点 『借りたカネは返すな！』の続編。住宅ローンが払えなくなったらどうすればいいか、家を差し押さえられそうになったらどう交渉すればいいのか、サラ金の借金が溜まってしまったら……といった実例の数々を収めた貴重なドキュメント。トータルで約1万件の相談を受けて、そのうちの1000件近くを再生してきた八木氏が、交渉の最前線に立って見てきた事例をもとに語っている。

『借りたカネはやっぱり返すな！』
アスコム '07年6月 ※'09年に新装版刊行

78点 初代『借りたカネは返すな！』以降、八木氏ら事業再生家の働きによってグレーゾーン金利が撤廃されたり、金融機関の貸し出しも連帯保証がなくなったり、実際に国の制度が変わっていった足跡をたどる。個人版民事再生法の話など、新しい動きにも対応した一冊。

『民主党政権で中小企業はこう変わる！』
サンマーク出版　'09年10月

65点

民主党政権になったときに、大企業中心から中小企業中心の施策に変わるという方向転換をマニフェストから読み取った八木氏が、政権交代によって中小企業の資金繰りがどう変わるかを予測した本。いよいよ国が変わるぞ！というタイミングでの逮捕は、あまりに皮肉だった。

『たかが赤字でくよくよするな！』
大和書房　'10年4月

80点

『借りたカネは返すな！』シリーズでは債務整理がメインテーマだったが、本書では不況に苦しむ企業向けに、経営全般について、過去のセントラル総研のデータやノウハウを基にアドバイスする。なお、アスコムから出ていた過去の著作の多くは現在品切れ中であり、逮捕劇を受けて今後の出版も一切未定になっているため、今、八木氏の思想に触れるならば本書ということになるだろう。

File No.36

山田真哉

SHINYA YAMADA

徹底して「売れる本作り」にこだわるミリオンセラー作家

ご存じ『さおだけ屋はなぜ潰れないのか？』の著者。**ベストセラー作家たらんとする執念にも似たモチベーション**においては、ビジネス本業界でも唯一無二の存在である。大学では文学部に在籍していた山田氏は、もともと物書き志向が強かった。卒業後に予備校の講師という職を選んだのも、細野真宏（『経済のニュースがよくわかる本』シリーズ）という先達を意識してのことであるという。「予備校の講師が、専門的な知識を素人にもわかりやすく書いてベストセラーに」という図式を踏襲しようとしたわけだ。結局は早々に退職してしまうのだが、ほどなく会計専門学校の機関紙「TACNEWS」に企画を持ち込み、『女子大生会計士の事件簿』の連載をスタートさせ、ブックファンド形式で英治出版より書籍化を敢行。めでたく作家活動に入る。その傍ら、作家活動を続けていくための資金調達源として会計業務にもまい進。その後、『さおだけ屋〜』がミリオンセラーを記録し、時の寵児となったのはご存じのとおりである。

……と書けば万事メデタシのようだが、**その背景には、山田氏自身による血の滲むような営業努力があることを指**

摘しておくべきだろう。「版元の営業は機能していない」という認識の下（この認識は概ね正しい）、自作のPOPを持って自費で全国の書店を回ったり、その様子をYouTubeにアップしたり、日経新聞に広告まで出したりする力の入れよう。当然ながら相当にカネもかかっている。かつて、雑誌のインタビューで**「1000万円あれば誰でもベストセラー作家になれる」**と言い放った山田氏であるが、むしろ一般人的には「ベストセラー作家になって1000万円稼ぎたい」というのが普通の感覚であって、モチベーションのベクトルが完全に逆なのである。

その意味で、山田氏が作家として非常にユニークな存在であるということは疑いようもないが、近年は「売れる本」を書こうとするあまり、マーケティングにとらわれすぎている印象を受ける。思うにこの著者は、もっと自由に自分の好きな本をバンバン出して行った方が、良いものを書けるのではないか。

公式プロフィールより

'76年、兵庫県生まれ。公認会計士。大阪大学文学部日本史専攻卒。一般企業に就職後、公認会計士二次試験に合格。中央青山監査法人（当時）、プライスウォーターハウスクーパースを経て、現在、公認会計士山田真哉事務所所長。現在は会計士としての本業の傍ら、テレビのコメンテーターや雑誌連載など、多くのメディアで活躍

File No.36 山田真哉

『さおだけ屋はなぜ潰れないのか？』

光文社新書　'05年2月

90点

ご存じミリオンセラー。タイトルの例に始まり、「住宅街にある、客が入っていないフレンチレストランが潰れないのはなぜか」など、誰もが知りたいと思っていた「身近な職業の意外なビジネスモデル」を極めてリーダブルな文章で紹介。これぞ山田氏の真骨頂。

『食い逃げされてもバイトは雇うな』

光文社　'07年4月

82点

「1000円を999円にするだけで、すごく安く感じる」「1ｇを1000mgと表記するだけで、インパクトが全く違う」というような話に代表される、いかに人が数字に騙されやすいかという実例が豊富に挙げられており、その後ブームとなる「行動経済学本」（『世界は感情で動く』『プライスレス』ほか）を先取りしている点に、山田氏らしい「目のつけどころ」が発揮されている。前著同様、読ませる一冊。

『「食い逃げされてもバイトは雇うな」なんて大間違い』

光文社　'08年2月

75点

前著のタイトルに「……なんて大間違い」と続けたタイトルは、版元の中でも賛否両論が出たとか。タイトルへのこだわり一つとっても、明らかにマーケティング先行型の著者と言える。一応、前著の「下巻」という位置づけにはなっているが、内容は『サスペリア』と『サスペリア２』のごときまったくの別物。ネタも枯れ気味。

『もえビジ』

角川グループパブリッシング　'08年11月

30点

萌えオタクとしても知られる山田氏が、自著『女子大生会計士の事件簿』シリーズのヒロイン、藤原萌実を「著者」に立てて出したビジネス会計入門書。黒歴史？

『目のつけどころ』

サンマーク出版　'10年1月

68点

前著『もえビジ』をなかったことにし、丸2年ぶりの書き下ろしとして出された一冊。自分がヒット本を出せたのはすべて「目のつけどころ」に理由があるとして、そのポイントを解説しているが、タイトルの決め方や、「黒十字アイデア法」と名づけたマトリックス式の発想法など、割とあたりまえのことが書かれているなという印象。自分の「目のつけどころ」に従って本を書いているのに、あまりうまく行っていないというパラドックスに陥っていると言ったら言いすぎか。才能のある人なのだから、じっくり腰を据えて、好きなテーマで大ヒットを飛ばしてほしいもの。

File No.37

吉越浩一郎

KOICHIRO YOSHIKOSHI

外資系ならではの、過激すぎる「効率アップ術」の提唱者

　仕事の効率を上げる方法を語らせれば、この人の右に出る者はいないだろう。’87年から’06年までトリンプ・インターナショナル・ジャパンの副社長・社長を務めた吉越氏は、即断即決が肝となる「早朝会議」や、作業効率を高める「がんばるタイム」「完全ノー残業デー」など、数々のユニークなメソッドを導入し、徹底して生産性の向上に努めた。その様子は、テレビなどでも紹介されて話題に。**在任中の19年間、連続で増収増益を達成し、売り上げを何倍にも増やしたプロ中のプロ**なのである。

　ちなみに、吉越氏の奥さんはフランス人であり、新婚時代には「接待で帰れない」という吉越氏に対して、夕食を用意していた奥さんが電話口でキレるというシーンも繰り返されたという。このような「フランス的感覚」を通じて、吉越氏が編み出していった効率アップ術は、まさに「外資系企業ならでは」といったもので、日本の感覚からすれば過激に感じられる部分も大いにある。例えば、「がんばるタイム」とは、昼食後の２時から１時間、自分の席を立ってはダメというルール。日本の職場はワイガヤが多すぎて、せっかく仕事にノッてきたところを他人に邪魔されることも多い。せめて「がんばるタイム」中は、電話にも出ず、自分の作業に集中しろというわけだ。このルールを導入後、明らかに全体で能率が上がったという結果が出たわけだが、一方で、社員の反発も大きかったという。目を離すと歩き回る社員が出てくるので、**吉越氏が自らフロアを仁王立ちで見張っていた**という逸話も……。いずれにせよ、ここまで「効率化」を徹底した日本人社長は他にいない。ここまでやりさえすれば、ほぼ確実に仕事の生産性は上がるのである。「ここまでしなきゃなんないのか」という声も聞こえてきそうだが……。

公式プロフィールより

'47年、千葉県生まれ。極東ドイツ農産物振興会、メリタジャパン、メリタ香港の勤務を経て、'83年にトリンプ・インターナショナル（香港）に入社、リージョナル・マーケティングマネージャーを最後に'86年よりトリンプ・インターナショナル・ジャパンに勤務。'87年代表取締役副社長、'92年に代表取締役社長に就任し、'06年に退任

File No.37 **吉越浩一郎**

『「残業ゼロ」の仕事力』

日本能率協会マネジメントセンター　'07年12月

90点

「時間制限がないと仕事は絶対終わらない」というのが吉越氏の主張である。「ノー残業デー」の日には、18時半になったら有無を言わさず会社の電源を落とすなど、その手法はかなり極端だ。「社員を大事にしましょう」などと説く、毒にも薬にもならない無責任な本と違い、厳しいが実効性のある職場活性化のメソッド。「早朝会議」「がんばるタイム」など、吉越氏独自の手法が詰まっている。

『デッドライン仕事術』

祥伝社新書　'07年12月

89点

『「残業ゼロ」の仕事力』とほぼ時を同じくして出た一冊。デッドラインによって仕事の効率を高めることがワークライフバランスに繋がるという吉越氏の提言が、新書ならではの密度で詰まっている。ビジネス本の死地と呼ばれる祥伝社から刊行されて10万部を達成したのは、吉越氏の揺るがぬ実力の証明であろう。

『プロの整理術』

日経BP社　'08年11月

87点

整理術というより仕事術。仕事全体の効率を上げるための「思考の整理法」とでも言うべきか。毎朝の会議で、全社で起きている問題をズバズバと整理していくなど、極めて明晰な思考力の持ち主として知られた吉越氏だが、その秘密は「図解」にあった。手順をチャート化したり、数字をグラフ化してみたり、図に起こすことでゴチャゴチャした物事の本質が浮かび上がってくる。そんな図解の実例（吉越氏直筆）をふんだんに収めた一冊。吉越氏の思考の過程を追体験できる。

『英語をやっていて、本当によかった。』
ワック　'09年4月

88点　いわゆるラジオ語学講座的な「英語の勉強本」を期待すると肩透かしを食らうが、管理職で海外に赴任する予定があるとか、取引先に外資系企業が多いとか、そういうバリバリ系の人は必読。ビジネスにおける英語の重要性や、英語と日本語における“発想”の違いなど、学生時代から世界を股にかけてきた吉越氏ならではの知見が光る。「話し方」の部分だけを切り取って出せば、もっと一般ウケする本になったのだろうが、そうでないからこそ価値のある一冊。

『吉越式会議』
講談社　'09年12月

85点　会議はディスカッションの場ではない。パワーポイントを使ったプレゼンなどもまったく不要――などなど、日本式の会議のやり方を全否定。有名な「早朝会議」は、吉越氏が各部署のスタッフにデッドラインを設けて報告を命じていた案件を、各人30秒くらいで検証していくというもの。外資系特有の、生産性が高くロジカルな会議の進め方を説く。

File No.38

和田裕美

HIROMI WADA

悩みを共有するような語りかけで
読者のハートを掴む“癒し系”

究極の「スキマ著者」である。

ビジネス本の著者には本来、ある程度の実績を持ち、なおかつロジカルに物事を語れる人物が適している。例えば勝間和代氏がそうであるように。しかし和田氏の場合、**「世界No.2営業ウーマン」**という肩書きにはヒキがあるものの、京都の短大を卒業してフルコミッション（完全成功報酬型）の営業職に就いたという経歴自体はかなりイレギュラーだし、著作のテーマも「人に好かれる話し方」や「イヤな相手を受け入れる方法」といったあまり目標の高くないものばかり。起こっていることは一つでも、受け止め方は二つある。仕事でイヤなことがあっても、それをプラスに受け止めればプラスになるし、マイナスと思えばマイナスになる……というような内容が主に書かれており、厳密にはビジネス書というより、「生き方エッセイ」とでも言うべき本が最近は多い。

さらに特徴的なのは、**文体がほとんど「語りかけ」であること**。「こういうことってあるじゃないですか」「私なんかもほんとに～しがちで」といった具合で、正直、読み手を選ぶ著者ではある。とはいえ、それゆえに「こんなふうに上手く行かないことってありますよね」と、**読者と著者が同じ問題点や悩みを共有できる良さ**もあるのだろう。「それほど上昇志向はないが、自分なりに仕事を頑張りたい（平凡な）ビジネスマンやOL」にとっては、勝間本よりも和田氏の著作の方が福音となるのではないだろうか(事実、よく売れている)。

公式プロフィールより
外資系教育会社でのフルコミッション営業時代、圧倒的な営業力で日本でトップ、世界142カ国中2位の成績を収め、その後に続く女性営業たちに道を拓く。また、その顧客満足度はきわめて高く、トップセールス時代の売り上げの4割は紹介・リピートで占められていた。短期間に昇進を重ね、女性初史上最年少の代理店支社長となる。現在は営業コンサルタントとして活躍中

File No.38 和田裕美

『こうして私は世界No.2セールスウーマンになった』

ダイヤモンド社　'04年11月

75点

自分の「キャラ」を活かしながら、顧客の信用を勝ち得るための「キャラデウルメソッド（キャラで売るメソッド）」を説く。売れない営業マンに「ケムンパスオヤジ」というアダ名をつける話など、その内容は「友達を作る技術」に近く、営業のメソッドとしてはマインド重視だが、何事も基本は肝心ですよ、ということで。

『和田裕美の人に好かれる話し方』

大和書房　'05年6月　※'08年に文庫化

66点

「わがままを言うときは体を微妙に揺らす。コツはスイングです」などなど、謎の小手先テクニックが印象的な一冊。カツマー的キャリア女性からすると、ちゃんちゃらおかしいといったところだろうが、こうした情報を必要とするノンキャリア女性も多いのである。

『人づきあいのレッスン――自分と相手を受け入れる方法』

ダイヤモンド社　'08年6月

66点

「嫌われているかもと思ったら鈍感スイッチ」。和田氏の文章を読んでいるときの負荷のかからなさは、もはやエッセイを通り越してポエムのようである。案外、女性には銀色夏生のように読まれているのかもしれない。

『息を吸って吐くように目標達成できる本』

ポプラ社　'08年7月

62点

絵本で知られる版元に主戦場（?）を移し、さらにフンワリした雰囲気に。

『人生を好転させる「新・陽転思考」』
ポプラ社　'09年8月

65点

起こっている出来事をよく取るか悪く取るかはその人次第……というお話。営業ウーマン時代は「毎月のプレッシャーに押しつぶされそうでした」などと書いているが、基本的にこの人の文章には「ネアカ」な感じがあまりしない。根はどちらかというと後向き……というあたりが、かえって共感を呼ぶのだろうか。

File No.39

渡邉美樹

MIKI WATANABE

本業そこのけで、雑多すぎる著作を世に問い続けるカリスマ経営者

ご存じワタミのCEOは、とにかく多作である。これまでに上梓したビジネス本は30冊近く。大会社の経営者が、多忙を押してまで何故こんなに本を出しているのであろうか。ベストセラーになった『夢に日付を！』は確かに素晴らしい。聞くところによると、渡邉氏は昔から、就職活動中の学生たちに「君らは何のために働くのか」などと薫陶をたれていたという。**若者を育てようという意識が強い**のは確かだろう。

とはいえ、このところの著作では、国の政策について提見してみたり、環境や教育、介護など、**21世紀的なグローバルテーマについて語る機会が増えている**。他の著者なら「政界進出のサイン」と受け取るところだが、ゼロから起業して年商1000億円ビジネスに育て上げた人物が、我が子も同然の会社を放り出して政界に進むということは考えづらい。

これは憶測に過ぎないが、**渡邉氏は「松下幸之助」になりたいのではなかろうか**。大型書店では、昔の有難い経営者たちと同じ棚に、渡邉氏の名前でコーナーが設けられている。創業者で年商1000億円というのは、経営者をはかる一つのライン。存命中でこのラインに到達しているのは、渡邉氏やソフトバンクの孫正義氏、楽天の三木谷社長らごくわずかであり、渡邉氏には「偉人」になる資格がある。もっとも、普通は死んでからなんだけど……。弱冠51歳にして、松下幸之助と“同じ棚に並ぶ”渡邉氏が狙うのは「生前偉人」という前代未聞のポジション？　氏の野望から今後も目が離せない。

公式プロフィールより

'59年、神奈川県生まれ。ワタミ代表取締役会長・CEO。明治大学商学部卒業。会社経営に必要な財務や経理を習得するため、会計システムの会社に半年間勤め、その後1年間運送会社で働き資本金300万円を貯める。'84年、経営不振だった「つぼ八」の店を買い取り、FC店オーナーとして起業し、飛躍的に売り上げを伸ばした。'92年、居食屋「和民」を開発、'00年3月に東証一部上場

File No.39 **渡邉美樹**

『夢に日付を！　夢実現の手帳術』

あさ出版　'05年10月

86点

「夢に日付を入れて、夢と現実の差を明確にしてその差を日数で割り、日々やるべき事をやり抜く」という、生き方指南本。自己啓発と手帳術をリンクさせているのが特徴。手帳のつけ方次第で仕事がはかどる……というリトルな話ではなく、手帳で人生をよくしようというコンセプトは、今読んでもなお示唆に富む。

『きみはなぜ働くか。　渡邉美樹が贈る88の言葉』

日本経済新聞社　'06年9月　※'10年に文庫化

86点

毎月、世界各国のワタミグループのスタッフに向けて送られていた、「社長のメッセージ」（ビデオレター）をまとめた一冊。「抜き打ちの店舗監査」でも有名なワタミだが、これほど大きな組織になるとなかなか細部まで目が届かなくなる。ゆえに本書は「ワタミで働くとはこんなにも素晴らしいことなのだから、お前ら手を抜くなよ！」というメッセージとも読めるが、そういう穿った見方を抜きにしてもすごく良い。

『もう、国には頼らない。経営力が社会を変える！』

日経BP社　'07年6月

65点

最近は政治絡みの話が増えている渡邉氏。経済界からしてみれば、今の政治は「足を引っ張る存在」でしかないので、一言申したくなるのも無理はない。農業や介護事業、学校教育などの“経済活動”を通じて社会を変えようと意気込む。

『無人島ウィー　地球でたったひとつの教科書』
日本経済新聞出版社　'08年3月

20点

なんともコメントに困る「絵本」。お話も面白くないし、絵もかわいくない。わざわざこんな本を海外から持ってきて、自分の名前をクレジットする渡邉氏の気が知れない。時期的に『夢ゾウ』っぽいことがやりたかったのか。

『勝つまで戦う　渡邉美樹の超常思考』
講談社biz　'09年7月

66点

ワタミをここまで大きくした人だからこそ語ることが許される、「勝ち組の発想」。

『夢のスイッチ』
あさ出版　'09年12月

80点

『夢に日付を！』の続編にあたる本書では「夢なんか追わなくてもいい」という本人の価値転換を語る。いわく、夢とは追うものではなく、自然と向かっていくもの。夢が叶うかどうかはそれほど大きな問題ではないが、夢を持つと今この瞬間がもっと幸せになる――など。本人的には「ステージが上がった」ということだろうし、内容的には今の世の中により受け入れられやすくなっている。

『ダンナに絶対聞けない主婦のお悩み相談室』
主婦と生活社　'10年3月

50点

どうしたわけか渡邉氏が、浮気やDV、夫の借金などなど主婦の相談に答えまくる一冊。渡邉氏が狙っているのは松下幸之助のポジションだと前述したわけだが、いささかその見解が揺らいできた。氏は「みのもんた」になりたいのか？　あるいはその両方か。

File No.40

その他のベストセラー

水野敬也『夢をかなえるゾウ』

飛鳥新社　'07年8月

82点

構成はまんま『ユダヤ人大富豪の教え』（138ページ）。主人公＝ケン、ガネーシャ＝ユダヤ人大富豪という図式である。そこに「関西弁」と「お笑い要素」を取り入れることで、新たに170万人の読者を獲得することに成功した。と言っても、『ユダヤ人大富豪～』を単に面白おかしくしただけの本ではない。本書では「成功本を読んでも成功しないのは何故か？」という“永遠の問い”が裏テーマとなっている。成功者が説く、一見何でもないような課題（靴を揃える、募金をする、などなど）が、一般人にはなかなか実践できないのはなぜなのか――この点に対する考察をしつこく繰り返すことにより、本書は『ユダヤ人大富豪～』とはまた違った意義を持つことに成功している。いわば「成功法則の研究本」。

中村俊輔『察知力』

幻冬舎　'08年5月

78点

現役スポーツ選手の語りを、一般的なビジネスシーンにも通じる「仕事」の話に結び付けて本にした、おそらく最初の書籍。今でこそ、「なんで中田はビジネス本を出さなかったんだろう」などと思ってしまうが、ビジネス本がブームになる以前、スポーツマン（老練な監督とかならまだしも）がビジネス本を出すと言うのは、やはりイレギュラーな発想だったのだ。本書では、監督やチームメイトらとのエピソードは「上司や同僚との人間関係」として書かれ、トルシエジャパンでの記憶は「職場で不本意なポジションに置かれても腐らないで頑張ることの大切さ」に即して語られる。その意味で、立派にビジネス本として成立していると言えよう。特に、若いビジネスパーソンにとっては共感できる点が多いはずだ。なお、後に中村俊輔は、本書の中でも言及している「サッカーノート」をベースに、手帳本も出版している。

クリス岡崎『億万長者専門学校』
中経出版 '08年6月

68点

「ビジネス本は編集が9割」的な一冊。自己啓発セミナーの内容をそのまんま書籍化したという前代未聞の本であり、「みんな何が何でも億万長者になりたいかー。もっともっと幸せになりたいかー。いぇーい！」といった、本来ならば一般ウケするはずもない、ポジティブにもほどがある内容が特徴的だ。本書がヒットした理由は、まずタイトルに「専門学校」とつけた編集者のセンスに求められるべきだろう。「専門学校」のB級感が、怪しげなテーマへのエクスキューズとして見事に機能している（これが『億万長者大学』だったなら、胡散臭さ100%である）。さらに、テーマが怪しげなのにもかかわらず、書籍としてはビジネス本のフォーマットに即して実によく作り込まれているのもポイント。随所に「練習問題」が挿入されていたり、クリス氏が推奨する「パワー・アクション」が丁寧に図解されていたりと、いちいち手が込んでいる。ネタ本もマジメに作れば売れる……というお手本。

太田あや『東大合格生のノートはかならず美しい』

文藝春秋　'08年9月

75点

実際のノートを原寸大でカラーで見せる……というコンセプトがすべて。奇しくも奥野宣之氏の『情報は一冊のノートにまとめなさい』とほぼ同時期に刊行されており、ヒットの運命性を感じさせる。著者はフリーライターとして活動する中で、「東大生のノートは美しい」ことを発見したのだという。こうしたリソースを持っている人は少なくないはずで、出版不況だの何だのと言っても、金脈というものは、実は常に手の届く場所にあるのだということを教えてくれる。

マネー・ヘッタ・チャン『ヘッテルとフエーテル』

経済界　'09年11月

80点

副題「本当に残酷なマネー版グリム童話」。ニートでゲームおたくで安易にお金持ちの話を信じてしまう兄のフエーテルと、主体性がなくて騙されてばかりいる妹のヘッテルを主人公に、当世のマネー絡みの事件（NTT株、円天、ホワイトバンドなど）を風刺する。ストーリー形式でビジネス本を書こうという著者ならば、せめてこのくらいの洒落っ気を持ち合わせていてほしいもの。さらに本書は、作中に「ミセス・インディ」なる、あからさまに勝間和代氏を想起させる女性を登場させ、痛烈におちょくった点でも記憶される。勝間ブーム真っ只中にあって、氏への批判を口にしづらかった当時、「その手があったか」と膝を打った人々は少なくなかった。かように、著者のヘッタ・チャン氏は、ビジネス本界における“ファイター”なのであるが、氏が持ち込む企画は過激すぎて、大方の版元から敬遠されてしまうとの噂も……。

岩崎夏海
『もし高校野球の女子マネージャーがドラッカーの「マネジメント」を読んだら』
ダイヤモンド社　'09年12月

74点

『もしドラ』のヒットを語るにあたって忘れてはいけないのは、本書がダイヤモンド社による「ドラッカー生誕100周年企画」の中の一冊であったということだ。ダイヤモンド社にとってのドラッカーとは、小学館にとっての『ドラえもん』的存在であり、100周年企画は全社を上げての“祭り”であった。そんな機会でもなければ、おそらく本書の企画はダイヤモンド社でも通っていなかったのではないか。経営学の父とまで言われるドラッカーだが、実際に原典で読んでいる人は少ない。訳文も格調高く、とにかく取っつきにくいのだ。その点、手軽にドラッカーを読んだ気になれる……というか読んだフリができるというのは本書の大きなメリットである。同時期に刊行された『超訳　ニーチェの言葉』（ディスカヴァー・トゥエンティワン）もヒットしており、難解とされる書物を噛み砕いて読みたい人の多さを証明した形だが、その半面、2匹目、3匹目のドジョウを狙って、名著をレイプするような駄本が今後量産されていく……という流れが懸念されてならない。『もしドラ』にしても、設定こそユニークだが、著者は放送作家であって小説家ではなく、エンタメノベルとして高い水準にあるとは言いがたい。ビジネス本はもっと、“読ませる”ことに対して意識的になるべきなのではないかと思う。

File No.40 その他のベストセラー

勝間和代、香山リカ
『勝間さん、努力で幸せになれますか』
朝日新聞出版　'10年1月

68点

ガチな言論キャットファイト。一世一代の顔合わせである。『しがみつかない生き方』（幻冬舎新書）が気に食わない勝間氏が香山氏に対談を申し入れ、コテンパンに論破してやろうと思ったら、意外に相手がしぶとかった……というオチ。本書において香山氏は、徹底して無抵抗に近いウケの姿勢を貫いている。ウケにウケて、勝間氏の主張がいかに極端であり、物事の一面しか見ていないかを引きずり出しているのだ。いまや各所でメッキのはがれっぷりを見せつけている勝間氏であるが、それがこのような書籍の形で残ってしまったのは、やはり痛恨事と言えるのではないか。

あとがき

'08年の11月に講談社から『お金持ちになるマネー本厳選50冊』を出した。
この本では、国内の投資、マネー本を数百冊読み解き、読者にとって真に正しい投資法を解説したつもりだったが、あまりに不都合な事実を書きすぎたためか、残念ながらほとんどの経済誌もマネー雑誌もまともに取り上げてくれなかった。

その中で、「レバレッジをかけた危険なＦＸやデイトレ、システレなど『要注意な投資本』を出版する傾向が高いのがＦ社だ」という私の指摘に対し、「私も個人的にはそう思わないこともないんですよね～」とメールをくださり、でも、「ウチで書評を書きませんか？」というオファーをくださったのが、この本の担当をしてくれた藤田美菜子さんだった。

自社の本を批判するような言説を発表した作家に原稿を

依頼するなど、「ずいぶんと懐の広い出版社だな〜」というのが、その時の第一印象だったのだが、あれから一年が経ち、気が付けば、このような危険な本を書かされてしまった。

現役のビジネス本作家が、同業者約40名を論評するという「無茶な本」がこうして世に問われるわけである。

私自身は、ひたすらアスリートのように目の前の原稿に向き合っていたので、今や「後は野となれ山となれ」という心境であるが、藤田さん及び扶桑社さんにどんな迷惑をかけてしまうのか、ちょっと心配ではある。

しかし、まぁ、古典経済学の前提条件でいうと、「市場には見えざる神の手が働く」らしいので、現況の出版界、バブルに踊るビジネス本界へのゆり戻し現象の一つとして、後世で誰かが評価してくれれば幸いである。

私自身は今日も明日も、自身の良心に則って、読者のために原稿を書き続けるだろう。

今更ながら、本書で評価させていただいた、現代を代表するビジネス本作家約40名の方には改めて御礼を述べさせていただきたい。

仮にあなたへの評価が40番目だったとしても、21世紀日本のビジネス本界において、あなたが輝けるスターの一員であった事実は、ここに私が保証させていただきます。

しかしながら、「お前は一体、何者なんだ」という類の批判には、一切、答えるつもりはない。

最後に繰り返しになるが、約250冊分の原稿のひとつひとつへのアドバイス、整理をしてくれた藤田女史に一言、御礼を述べたい。

決して責任を分担しようなどという邪な考えではなく、これから電子出版の時代になっても、言論の自由を、表現者の矜持を持ち続けることが大事なのだと思います。

それでは、みなさん、また会う日まで！

今後も出版界、ビジネス本界の益々の隆盛を草葉の陰から祈っています。

6月1日　文京区小石川
ちょっと酔っ払い中の水野俊哉より

全232作品リスト（点数付き）

- 100点　ビジネス本のマスターピース
- 85点　極めて優れたビジネス本
- 75点　水準レベルのビジネス本
- 60点　買うのに勇気がいるビジネス本
- 45点　ポンチビジネス本

石井裕之　P.016

点数	作品
82	『人生を変える！「心のブレーキ」の外し方』
77	『あるニセ占い師の告白』
75	『一瞬で信じこませる話術 コールドリーディング』
73	『一瞬で相手を落とす！ コールドリーディング入門』
72	『カリスマ』
55	『フェイク・イット』
49	『ホムンクルスの目』
47	『かぼ アクリルの羽の天使が教えてくれたこと』

泉 正人　P.020

点数	作品
72	『「仕組み」仕事術』
71	『お金の大事な話』
70	『お金の教養』
70	『お金の地図』
68	『「仕組み」整理術』
60	『「仕組み」思考術』

稲盛和夫　P.024

点数	作品
90	『稲盛和夫のガキの自叙伝』
82	『成功への情熱』
82	『稲盛和夫の哲学』
78	『生き方』
75	『アメーバ経営』
70	『働き方』

臼井由妃　P.026

点数	作品
84	『即稼ぎにつながる最短！ 最速勉強法』
82	『1週間は金曜日から始めなさい』
70	『あなたを幸せにする「男」の育て方』
65	『大きなゴミ箱を買いなさい』
65	『ポジティブ思考なんて捨ててしまいなさい！』
62	『できる社長は机が小さい』

大塚 寿　P.030

点数	作品
90	『リクルート流』
89	『法人営業バイブル』
82	『25歳からの社会人力』
70	『バイトでも億稼ぐ 不況なのに元気のいい会社』
60	『オーラの営業 離陸編』

著者	ページ	点数	書名
大前研一	P.034	98	『大前流心理経済学』
		94	『ハイ・コンセプト』
		89	『ドットコム・ショック』
		88	『考える技術』
		87	『企業参謀』
奥野宣之	P.038	75	『情報は1冊のノートにまとめなさい』
		72	『読書は1冊のノートにまとめなさい』
		63	『だから、新書を読みなさい』
		60	『情報は「整理」しないで捨てなさい』
勝間和代	P.044	85	『効率が10倍アップする新・知的生産術』
		80	『無理なく続けられる年収10倍アップ勉強法』
		77	『無理なく続けられる年収10倍アップ時間投資法』
		58	『お金は銀行に預けるな』
		55	『勝間和代の日本を変えよう』
		45	『断る力』
		44	『読書進化論』
		5	『結局、女はキレイが勝ち。』
金森重樹	P.048	90	『自分の小さな「箱」から脱出する方法』
		86	『ハイパワー・マーケティング』
		82	『1年で10億つくる！ 不動産投資の破壊的成功法』
		79	『お金の味』
		70	『超・営業法』
神田昌典	P.052	90	『成功者の告白』
		90	『非常識な成功法則』
		89	『60分間・企業ダントツ化プロジェクト』
		86	『あなたもいままでの10倍速く本が読める』
		86	『全脳思考』
		85	『お金と英語の非常識な関係』
		82	『人生の旋律』
		25	『お金と正義』
		5	『あなたの悩みが世界を救う！』
小飼 弾	P.058	82	『働かざるもの、飢えるべからず。』
		79	『弾言』
		79	『決弾』
		70	『小飼弾のアルファギークに逢ってきた』
		70	『空気を読むな、本を読め』
		68	『小飼弾の「仕組み」進化論』
小堺桂悦郎	P.062	82	『なぜ、社長のベンツは4ドアなのか？』
		80	『借りる技術返す技術』
		72	『消費と投資で人生を狂わすな』
		68	『ベンツを買って丸ビルに行け！』
		65	『借金バンザイ！』
		60	『粉飾バンザイ！』

100点 85点 75点 60点 45点

著者	掲載ページ	点数	書名
牛堂登紀雄	P.066	75	『33歳で資産3億円をつくった私の方法』
		72	『お金の才能』
		70	『「読む・考える・書く」技術』
		65	『お金を稼ぐ読書術』
小宮一慶	P.070	82	『お金を知る技術 殖やす技術』
		78	『一流になる力 ビジネスで勝ち残るための教科書』
		70	『ビジネスマンのための「発見力」養成講座』
		65	『あたりまえのことをバカになってちゃんとやる』
		50	『人生の原理』
小室淑恵	P.074	82	『ワークライフバランス』
		82	『小室淑恵の即効プレゼン術』
		80	『キャリアも恋も手に入れる、あなたが輝く働き方』
		78	『6時に帰るチーム術』
		70	『人生と仕事の段取り術』
原尻淳一 小山龍介	P.078	85	『STUDY HACKS!』
		80	『IDEA HACKS!』
		80	『TIME HACKS!』
		80	『READING HACKS!』
		72	『整理HACKS!』
		50	『30過ぎたら利息で暮らせ!』
斎藤一人	P.082	90	『人生が全部うまくいく話』
		82	『二千年たってもいい話』
		80	『微差力』
		80	『ツイてる!』
		75	『斎藤一人 15分間ハッピーラッキー』
佐藤富雄	P.086	80	『魔法の快眠術』
		74	『愛されてお金持ちになる魔法の言葉』
		72	『感謝ノートで夢は叶う!』
		66	『佐藤富雄の「ツキ」の法則!』
		60	『富豪塾』
橘玲	P.090	94	『お金持ちになれる黄金の羽根の拾い方』
		92	『亜玖夢博士の経済入門』
		85	『黄金の扉を開ける賢者の海外投資術』
		84	『臆病者のための株入門』
		84	『貧乏はお金持ち』
		78	『永遠の旅行者』
		80	『マネーロンダリング』
		80	『黄金の扉を開ける賢者の海外投資術(金・銀)』

100点	ビジネス本のマスターピース
85点	極めて優れたビジネス本
75点	水準レベルのビジネス本
60点	買うのに勇気がいるビジネス本
45点	ポンチビジネス本

著者	ページ	点数	書名
福島正伸	P.120	84	『どんな仕事も楽しくなる3つの物語』
		82	『仕事が夢と感動であふれる5つの物語』
		80	『理想の会社』
		72	『小さな会社の社長のための問題解決マニュアル』
		70	『キミが働く理由』
日垣 隆	P.116	88	『知的ストレッチ入門』
		75	『ラクをしないと成果は出ない』
		72	『部下の仕事はなぜ遅いのか』
		70	『折れそうな心の鍛え方』
		60	『勝間和代現象を読み解く』
野口嘉則	P.114	90	『鏡の法則』
		72	『幸せ成功力を日増しに高めるEQノート』
		58	『心眼力』
		52	『3つの真実』
中谷彰宏	P.110	63	『なぜあの人は仕事ができるのか』
		63	『なぜあの人は整理がうまいのか』
		63	『なぜあのリーダーに人はついていくのか』
		63	『なぜあの人は人前で話すのがうまいのか』
		50	『お金持ちは、お札の向きがそろっている。』
中島孝志	P.106	85	『35歳からの仕事の教科書』
		85	『朝4時起きの仕事術』
		83	『さっさとやれば、何でもかなう!』
		82	『仕事の80%は月曜日に終わらせる!』
		80	『サラリーマンよ「2つの財布」を持ちなさい!』
内藤 忍	P.102	89	『内藤忍の資産設計塾』
		75	『内藤忍の資産設計手帳のすすめ』
		72	『初心者は株を買うな!』
		70	『60歳までに1億円つくる術』
		62	『内藤忍の「好き」を極める仕事術』
		55	『内藤忍式10万円から始める「お金の育て方」講座』
		25	『預金じゃイヤだけど投資はコワいボクの〝負けない〟人生戦略』
苫米地英人	P.096	90	『洗脳原論』
		85	『フリー経済学入門』
		85	『苫米地英人、宇宙を語る』
		75	『自伝 ドクター苫米地 脳の履歴書』
		75	『脳を味方につける生き方』
		70	『夢をかなえる洗脳力』
		65	『頭の回転が50倍速くなる脳の作り方』
		60	『英語は逆から学べ!』

- 100点　ビジネス本のマスターピース
- 85点　極めて優れたビジネス本
- 75点　水準レベルのビジネス本
- 60点　買うのに勇気がいるビジネス本
- 45点　ポンチビジネス本

藤井孝一	P.124	80	『週末起業』
		79	『週末起業サバイバル』
		75	『週末起業チュートリアル』
		69	『会社を辞めずに年収を倍にする!』
		65	『投資効率を100倍高める　ビジネス選書&読書術』
		59	『収入複線化マニュアル』
船井幸雄	P.020	80	『聖書の暗号は知っていた』
		80	『2012年の変化はすでに起きている』
		80	『2009年　資本主義大崩壊!』
		80	『人は生まれ変わる』
		80	『イヤシロチ』
		75	『人間力』
		72	『「百匹目の猿現象」を起こそう!』
		64	『13歳からのシンプルな生き方哲学』
古市幸雄	P.024	82	『「1日30分」を続けなさい!』
		81	『僕たち、どうして勉強するの?』
		76	『「朝30分」を続けなさい!』
		45	『「カレーライス」の方程式』
本田健	P.136	92	『ユダヤ人大富豪の教え』
		86	『スイス人銀行家の教え』
		85	『きっと、よくなる!』
		82	『普通の人がこうして億万長者になった』
		79	『未来は、えらべる!』
		67	『ピンチをチャンスに変える51の質問』
本田直之	P.140	88	『レバレッジ・シンキング』
		86	『レバレッジ人脈術』
		85	『レバレッジ時間術』
		82	『カラダマネジメント術!』
		82	『面倒くさがりやのあなたがうまくいく55の法則』
		80	『本田式　サバイバル・キャリア術』
		80	『レバレッジ・リーディング』
		72	『走る男になりなさい』
美崎栄一郎	P.146	77	『「結果を出す人」はノートに何を書いているのか』
		50	『「結果を出す人」の仕事のすすめ方』
		10	『会社って楽しい?』
茂木健一郎	P.150	80	『「脳」整理法』
		79	『脳を活かす勉強法』
		74	『プロフェッショナルたちの脳活用法』
		73	『脳を活かす仕事術』
		72	『「脳にいいこと」だけをやりなさい!』
		63	『脳を活かす生活術』
		51	『人生が驚くほど変わる　龍馬脳のススメ』

著者	ページ	点数・書名
安田佳生	P.156	85『検索は、するな。』 82『千円札は拾うな。』 81『下を向いて生きよう。』 78『採用の超プロが教える　仕事の選び方　人生の選び方』
八木宏之	P.158	86『借りたカネは返すな！』 83『実録借りたカネは返すな！』 80『たかが赤字でくよくよするな！』 78『借りたカネはやっぱり返すな！』 65『民主党政権で中小企業はこう変わる！』
山田真哉	P.162	90『さおだけ屋はなぜ潰れないのか？』 82『食い逃げされてもバイトは雇うな』 75『「食い逃げされてもバイトは雇うな」なんて大間違い』 68『目のつけどころ』 30『もえビジ』
吉越浩一郎	P.166	90『「残業ゼロ」の仕事力』 89『デッドライン仕事術』 88『英語をやっていて、本当によかった。』 87『プロの整理術』 85『吉越式会議』
和田裕美	P.170	75『こうして私は世界No.2セールスウーマンになった』 66『和田裕美の人に好かれる話し方』 66『人づきあいのレッスン』 65『人生を好転させる「新・陽転思考」』 62『息を吸って吐くように目標達成できる本』
渡邉美樹	P.174	86『夢に日付を！』 86『きみはなぜ働くか。』 80『夢のスイッチ』 66『勝つまで戦う』 65『もう、国には頼らない。』 50『ダンナに絶対聞けない主婦のお悩み相談室』 20『無人島ウィー』
その他のベストセラー	P.178	82『夢をかなえるゾウ』（水野敬也） 68『億万長者専門学校』（クリス岡崎） 80『ヘッテルとフエーテル』（マネー・ヘッタ・チャン） 78『察知力』（中村俊輔） 68『勝間さん、努力で幸せになれますか』（勝間和代×香山リカ） 75『東大合格生のノートはかならず美しい』（太田あや） 74『もし高校野球の女子マネージャーがドラッカーの「マネジメント」を読んだら』（岩崎夏海）

100点　85点　75点　60点　45点

水野俊哉（みずのとしや）

'73年生まれ。これまで数千冊のビジネス本を読破してきた蓄積を基に、新聞・雑誌でビジネス書評家として活躍する機会が増えているが、本業はビジネス本作家。会社経営、コンサルタントを経て'08年、『成功本50冊「勝ち抜け」案内』（光文社）でデビュー。同シリーズは累計10万部のヒットに。以後も、『法則のトリセツ』『ビジネス本のトリセツ』（共に徳間書店）など話題作を続々と発表。マスコミには一切、露出せず、ビジネス書関連の集まりにも極力、顔を出さずに作品を発表し続けるスタンスを取っている。'10年は新刊を10冊、出版予定。その他、イベントプロデューサー的な活動も行っており、「ビジネス書がすらすら書けるセミナー」は全国で通算500人が受講。現在は小人数制のゼミも開講しており、受講生が続々と出版デビュー。趣味は読書（ビジネス本以外）、サッカー、お酒。

ブログ「水野俊哉の日記」
http://d.hatena.ne.jp/toshii2008/
メールマガジン
https://www.mshonin.com/form/?id=218513278

ビジネス本作家の値打ち

2010年6月20日　初版第一刷発行

著　者　水野　俊哉
発行者　久保田　榮一
発行所　株式会社　扶桑社
〒105-8070　東京都港区海岸1-15-1
電話　03-5403-8875（編集）
03-5403-8859（販売）

印刷・製本　サンケイ総合印刷　株式会社

ISBN 978-4-594-06228-6